# 대 폭락장에서 살아남기

© 최택규, 2019

1판 1쇄 인쇄__ 2019년 10월 20일
1판 1쇄 발행__ 2019년 10월 25일

지은이__ 최택규
펴낸이__ 홍정표

펴낸곳__ 글로벌콘텐츠
　　　　등록__ 제 25100-2008-24호

공급처__ (주)글로벌콘텐츠출판그룹
　　　　대표__ 홍정표 이사__ 김미미 편집__ 김봄 이예진 권군오 홍명지 기획·마케팅__ 노경민 이종훈
　　　　주소__ 서울특별시 강동구 풍성로 87-6 전화__ 02-488-3280 팩스__ 02-488-3281
　　　　홈페이지__ www.gcbook.co.kr

값 16,500원
ISBN 979-11-5852-256-8 13320

# 대
# 폭락장에서
# 살아남기

최택규(솔지담) 지음

글로벌콘텐츠

월가의 영웅이라 불리는 피터 린치((Peter Lynch)는 2007년 강력하게 증시를 흔들었던 미국 서브프라임 모기지 부실 사태가 발생했을 때 불안감과 공포 속에서 좌절과 투매를 한 투자자들에게 '폭락을 이기는 방법은 시장에 머물러 있는 것'이라고 주문했다.

솔지담도 피터 린치와 똑같은 생각을 갖고 있다.

준비되어 있지 않은 상태에서 엄청난 대외 변수로 금융시장이 큰 폭의 변동성을 보이면서 증시가 급락을 하고 대부분의 종목들이 폭락을 하게 되면, 대부분 투자자들은 멘붕에 빠지면서 우왕좌왕(右往左往)하게 된다. 불확실성이 커지는 시기에서는 더더욱 보유하기보다는 팔아버리고 싶은 마음이 클 수밖에 없다. 폭락장이 주는 공포감은 투자자로서 분명 힘들고 괴롭지만, 반복된 학습을 통해 우리가 배운 것은 결국 "힘든 이 순간 또한 지나가리라"라는 단순한 글귀이다. 과거로부터 현재까지, 그리고 앞으로도 우리의 경제는 후퇴하기보다는 발전하고 성장하게 되어 있다. 따라서 지금 이 순간 힘들고 어렵더라도 담대하게, 그리고 지혜롭게 이겨내야 한다. 이 책은 그런 취지에서 준비하고 집필한 책이다.

투자의 대가 워런 버핏을 포함한 수많은 투자 영웅들은 각자의 서로 다른 투자 방식에도 불구하고, '공통적인 성공 키 포인트'로 '인내심을 가지고 시장에 머무를 것'을 주문하고 있다. '기나긴 하락의 시장 속에서 공포와 고통의 시간을 이겨내어 시장에 머무를 방법은?', '힘든 폭락장에서 불안한 자기 자신의 마음을 추스르고 담대해질 수 있는 방법은 무엇일까?'라는 생각으로, 솔지담은 폭락장에서 살아남을 방법을 제시하면서 조금이나마 위안이 될 수 있도록 책을 구성하였다.

주식은 공인된 도박이다.

주식을 매일 매매하다 보면, 매수한 종목이 올라서 기분이 좋고 행복한 날이 있는가 하면, 매수한 종목이 하락해서 우울하고 짜증나는 날이 있다.

주식은 정상적인 수급에 의해 움직이는 종목이 있는가 하면, 세력에 의해 급등 급락 하는 종목들도 있다. 또한 오너(대표이사, 임직원 등)의 부도덕과 부정직성(배임, 횡령, 사기 등)에 의한 거래정지 및 상장 폐지로 가는 종목들도 있다. 부지불식(不知不識) 간에 찾아오는 악재(惡材)들에 우리 선량한 투자자들이 피해를 보는 경우가 비일비재하다. 그러다 보니 매수한 종목으로 돈을 벌 수도 있고, 돈을 잃을 수도 있다. 주식으로 삶이 윤택해질 수도 있지만, 주식으로 생활이 힘들어지고 불행해지는 경우도 있다. 따라서 주식은 수익을 내는 것도 중요하지만, 손실을 최소화하는 노력이 더욱 중요하다.

세상만사 모든 일이 무의미하게 발생하는 경우는 거의 없다. 한 알의 씨앗이 온전히 자라기 위해서는 비와 바람, 천둥과 번개, 눈과 태풍, 밤과 낮, 태양과 달, 그리고 사계절이 필요하다. 그 어느 것 하나 빠지면 온전하게 자랄 수 없다. 그러나 과유불급(過猶不及)이라 했다.

언제 어디서나 무엇이든지 지나치면 오히려 화(禍)가 된다. 지나치고 과하면 항상 탈이 나게 되어 있다. 자연현상(태풍, 허리케인, 눈 폭풍, 쓰나미 등)에서도 지나치면 피해를 보게 되어 있다. 매년 주기적으로 발생하는 태풍도 지구를 정화하고 깨끗하게 하는 데 도움을 주지만, 생각(상식) 이상의 강력한 태풍은 인명 피해와 재산 피해를 가져다준다.

주식 시장도 자연의 섭리와 같은 이치이다.

주식 투자는 순리대로 정석 투자해야지, 자신의 욕심과 과욕을 앞세워 무모하게 투기를 하게 되면, 자신의 소중한 재산을 잃는 것은 물론 몸과 마음도 다치게 된다. 그래서 주식을 할 때는 막연하게 운으로 해서도 안 된다. 특히 주변의 정보(찌라시 등) 등을 지나치게 믿고 매매를 해서는 더욱 안 된다. 본인 스스로 노력하고 준비해야 한다. 주식 매매에 앞서 경제(시황), 업종(업황) 분석, 기업 분석, 종목의 기술적 분석, 다양한 보조지표 등 매우 많은 시간과 노력을 투입해야 한다. 그런데 이러한 노력에도 불구하고 시장이 하락하면, 아무리 철저하게 분석하고 매수한 좋은 기업이라고 해도 속절없이 하락하게 된다. 시장이 급락하면서 종목들이 하락할 때는 어쩔 수 없다. 시장을 이기는 종목은 거의 없기 때문이다. 시장이 갑작스런 급락으로 하락할 때, 기관 외국인들은 자동으로 손절성 프로그램 매도(Loss Cut)가 나오게 되어 있다. 그러다 보면 하락이 하락을 부추기고, 결국 공포스런 급락에 여기저기서 투매까지 나오게 되어 있다. 그러면 참다 참다 더는 못 기다리고 시장 참여자들은 매도를 한다. 물론 여러분들도 공포와 불안 심리에 똑같이 매도하게 된다. 거의 모든 시장 참여자들의 심리 상태는 비슷하다. 이러한 극도의 공포장(하락장)에서는 손절 및 투매를 하지 않을 수 없게 되어 있다.

주식이 심리 게임이라는 이유가 바로 그것 때문이다.

그렇다면, 이 책을 읽는 분이라면 명심해야 할 것이 있다.

과거에도 그러했고, 지금도 그렇고, 앞으로 다가올 미래에도 똑같은 결과가 나올 것이다. 그것은 바로 "하락 뒤에는 반드시 상승한다."는 불변의 진리이다. 따라서 하락한다고 무조건 손절과 동반 투매를 하는 것이 정답이 아니라는 사실이다.

솔지담이 생각하는 가장 합리적인 매매 습관은 다음과 같다.

긴 시간 주식 시장에서 여러 차례의 폭락장 속에서 살아남는 방법은?

1. 가능한 한 신용물량 안 쓰기

2. 스톡론 안 쓰기

3. 오로지 여유 자금으로 투자를 하기

4. 단타성 단기 매매는 하락 시, 반드시 손절은 짧게 하기


그래야 하락으로 인한 심리적 부담과 걱정이 덜 하면서, 시장을 대하는 마음이 담대해질 수 있기 때문이다. 그리고 또 하나는 힘들고 어려운 장일수록 하루하루의 변동성을 볼 것이 아니라, 큰 그림의 미래와 성장성을 보아야 한다. 솔직히 하락에 하락을 할 때는 별생각이 다 든다. 이 기업 상장폐지되는 것 아냐? 이렇게 하락하다 나라 망하는 것 아냐? 등등 심리상태가 불안정해지면 초등학생 수준의 생각을 하게 되어 있다.

주식 관련 책들을 보면, 대부분 돈 버는 방법만 제시했지, 돈을 잃거나 어렵고 힘든 장에서 버틸 수 있는 책이 부족한 것 같다. 그래서 이 책은 하락장이나 매수해서 손실을 크게 볼 때, 마음에 위로가 되는 내용을 중심으로 글을 쓰게 되었다.

주식은 항상 수익을 낼 수 없다.

필자는 현재 주식 시장에서 갈피를 못 잡고 불안해하며 방황하고 있을 대다수의 개인 투자자들에게 지혜와 위로가 될 만한 내용을 담기 위해 공들인 책이라고 자신한다. 따라서 이 책을 통해서 지혜도 얻고 주식 시장에서 긴 시간 성공 투자할 수 있는 동반자가 되길 기원한다. 또한 많은 투자자분들이 힘들고 지칠 때 옆에서 위로가 될 수 있는 책이 되기를 바란다.

2019년 9월
서귀포에서

# 목차

**PART 2**

# 01 역사적으로 큰 하락장

인간의 본성은 기본적으로 투기와 탐욕을 좋아한다.

과유불급(過猶不及)에 대해 한 번 더 짚어 보겠다.

공자는 중용을 매우 소중한 가치로 여겼으며, '지나치지도 않고 부족하지도 않은 적절한 상태'를 가리켜 중용(中庸)이라고 하였다. 치열한 경쟁과 급성장하는 21세기에 인간의 끝없는 욕망과 욕심의 부작용으로 '자산 버블'을 만들었고, 그로 인한 피해를 우리 스스로 고스란히 받고 있으며, 앞으로도 반복적으로 받게 될 것이다.

주식 시장에서의 수급을 보면 공급보다는 수요가 절대적인 힘을 가지고 있다. 수요가 늘어나면 공급이 줄고, 수요가 줄면 공급이 늘어난다. 주식 시장에서 수요란 주식을 사려는 매수자가 많다는 것이다. 시중에 부동자금이 많아서, 유동성이 풍부해서 주식 시장으로 자금이 물밀듯이 몰려오는 주식 시장에서는 재료 없이도 주가는 크게 오른다. 다시 말해서 한정된 효과를 지닌 재료에 의한 시세보다는 풍부한 자금에 의해서 움직이는 금융장세가 훨씬 폭발력이 있고 상승 랠리가 오래 지속된다.

최근에 대표적인 금융장세(유동성 장세)가 바로 2009년 초부터 2017년 말까지였으며, 이 기간 동안 시장에 풍부한 유동성 자금이 유입되면서 엄청난 상승 랠리를 보여 주었다. 물론 우리 증시는 많은 부분 소외되었지만, 글로벌 전체적으로는 오랜 기간 동안 큰 폭의 상승 랠리를 보여주었다.

다음은 엄청난 상승 랠리의 대표 격인 다우지수 주봉차트이다.

### ABS(자산유동화증권)

ABS(자산유동화증권)는 유가증권, 부동산, 매출채권 등을 바로 현금화하기 어려운 유동성이 낮은 자산을 기초로 발행된 파생상품을 의미하며, 기업이나 여러 기관들이 자금 부족 및 자금 조달 방법으로 사용한다.

다우지수 주봉차트를 보면, 2009년 3월 2일 6,469.95 저점에서 2018년 1월 2일 26,616.71 고점까지 +400% 이상 상승을 하면서 증시가 엄청난 상승 랠리를 보여 주었다. 이런 상승장에서는 오랜 시간 어느 종목이든지 수익을 줄 수 있는 시장 환경이었다고 생각하면 된다.

반면, 우리 증시는 이런 상승장에서 오랜 시간 박스권 흐름을 보이면서 상대적 박탈감을 느껴야 했다. 다우지수 주봉차트와 비교해서 우리나라 거래소 주봉차트를 보면 이해가 쉬울 것이다.

거래소 주봉차트를 보면, 2008년 10월 27일 892.16 저점을 찍고, 2011년 4월 25일 2,231.47 고점을 찍은 이후 하락과 상승을 반복하는 박스 흐름으로 거의 7년이라는 시간을 보냈다. 이후 2017년 5월에 들어서야 2011년 고점인 2,231.47 지수대를 돌파하면서 상승장에 동참하게 되었다. 당시 글로벌 증시가 상승 랠리를 보일 때에 우리 증시만 꽉 막힌 흐름을 보여 줄 때, 현업에 있는 종사자들은 물론 개인 투자자들도 상대적으로 허탈감과 무력감을 느꼈던 시기이기도 하였다.

왜? 우리 증시만 이렇게 허약할까?

왜? 우리 증시만 상대적 박탈감을 맛보아야 할까? 등등 만감이 교차한 시기였다.

주식은 실시간 대응이 필요한 게임이다. 어떠한 환경이나 여건 속에서도 살아남아야 한다. 그래서 지금 이 순간에도 여러분들은 책을 보고 노력하고 있는 것이다.

다시 본론으로 돌아와서, 증시 및 주가가 특별한 이슈나 재료 없이 크게 오르고 있을 때, 그 이면에는 "거대한(풍부한) 자금이 주식 시장으로 크게 밀려 들어오고 있구나."라고 생각해도 무방하다. 특히 풍부한 자금에 의한 주식시세는 상식 이상으로 크게 오르는 경우가 많이 발생한다. 그러나 주식을 하면서 상승장만 있을 것이라고 생각하면 큰 오산(誤算)이다. 주식을 하다 보면, 정치·경제적으로 아무런 문제 없이 잘 흐르다가 한순간 예고 없이 주식 시장에 찾아오는 큰 폭락장을 경험하게 된다. 폭락장은 예고하지 않고 찾아오는 불청객이다.

**골든크로스**

단기 이동평균선이 중·장기 이동평균선을 아래에서 위로 돌파하는 것을 말한다. 골든크로스는 강력한 강세장으로 전환되는 신호로 해석을 한다. 일반적으로 '단기 골든크로스'는 5일 이동평균선이 20일 이동 평균선을 상향 돌파하는 것을 말하며, '중기 골든크로스'는 20일선과 60일선을, '장기 골든크로스'는 60일선과 120일선을 돌파한다.

근래(2018년) 들어서 급락한 다우지수를 한 번 보겠다.

다우지수 주봉차트를 보면, 고점에서 급락하는 시기가 바로 미국 중앙은행인 연방준비제도(Fed·연준)에서 금리를 인상하고 나서 발생하였다. 2018년 1월 2일, 2018년 10월 1일 이후 공교롭게도 미국 연준이 금리 인상을 단행하였다. 이후 '미국 10년물 국채'가 단기에 급등을 하였고, 그러면서 글로벌 증시가 변동성을 보이면서 하락을 하였다. 하락도 완만한 하락이 아닌 급락을 보이면서 시장 참여자들이 혼란과 공포를 겪었던 시기이다. 한 걸음 더 들어가서, 1980년 이후 미국의 주식 시장 급락 사례를 보면서 미래를 예측해 보겠다.

2018년 연말에 보여 준 급락처럼 '단기에 −20% 이상 하락' 한 경우는 '8번' 발생하였다.

1980년 2차 오일 쇼크, 1982년 신흥국 부채위기, 1987년 블랙먼데이, 1990년 걸프전, 1998년 신흥국 외환위기, 2000년 IT 버블 붕괴, 2008년 미국 금융위기, 2011년 미국 재정절벽이 있었다.

8번 중에서 1980년, 1990년, 1998년, 그리고 2011년 등 4번은 주가가 단기간에 급락한 이후 빠른 시간 내에 반등을 했지만, 1982년, 1987년, 2000년 그리고 2008년은 주가가 다시 상승하는데 오랜 시간이 소요되었다. 또한 8번 중에서 5번은 증시 하락이 경기 침체로 이어졌고, 3번은 경기 침체와 무관하게 주가만 크게 하락을 하였다.

우리 증시라고 예외는 아니었다. 거래소 주봉차트를 보면서 그 심각성을 확인할 수 있다.

**공매도**

타겟이 된 특정 종목 주가가 하락할 것으로 전망되면 해당 주식을 빌려서 매도 주문을 내는 매매 전략이다. 예를 들어 A 종목 주가가 6만 원이고 주가 하락이 예상되는 경우, 이때 A 종목 주식을 갖고 있지 않더라도 일단 6만 원에 공매도 주문을 낸다. 그리고 실제 주가가 4만 원으로 하락했을 때 A 종목을 다시 사서 2만 원의 시세차익을 챙기는 행위이다.

거래소 주봉차트를 보면, 2017년 5월 들어서 7년 간의 긴 박스 구간을 돌파하면서 힘찬 상승을 보여주는 듯 해지만, 2018년 새해가 들어서자 '1월 효과'로 반짝 상승 한 이후, 하락을 시작하였다. 아니, 급락이라는 표현이 더 어울리는 하락이다. 2018년 1월 29일 2,607.10 고점을 만들고, 이후 연준의 금리인상과 트럼프 대통령의 보호무역 강화에 따른 계단식 하락을 1년 내내 보여 주었다. 1년 동안(2019년 1월 2일, 1984.53 저점) -24% 하락하였다. 특히 1월과 10월 장은 단기 급락을 하면서 시장 참여자들을 불안에 떨게 하였다. 폭락장을 예측하고 준비할 수 있다면, 문제가 안 되는데, 항상 상승장의 분위기에 취한 상태에서 발생한다. 그러다 보니 모든 시장 참여자가 하락에 대한 준비도 없고, 시장에 낙관적 이야기만 나오다 갑자기 돌변을 하기에, 멘붕이 찾아오고 투자심리가 위축되는 것이다. 그러다 하락이 반복되면서 공매도 증가, 기관과 외국인의 손절성 프로그램 매도, 그리고 개인의 신용 반대 매매가 증가하면서 시장의 골은 깊어지게 된다. 결국은 투매가 투매를 부르면서 하락이 깊어지는 것이다. 이런 상황에서 시장 참여자들은 중심을 잡을 수 없고, 작은 악재에도 불안해하고 극도의 공포를 느끼게 되어 있다.

2018년 개인 투자자들이 주로 매매하는 코스닥의 하락은 더 심각했는데, 그 차트를 보겠다.

코스닥 주봉차트를 보면, 2018년 9월 17일 837.97 고점에서 10월 29일 617.00 저점까지 2개월도 안 되는 기간 동안 무려 -27% 급락을 하였다. 이 당시 거의 모든 시장 참여자들의 손실이 눈덩이처럼 불어나면서 아우성이 대단했던 시기였다.

## ::: 반복되는 주식 시장 순환 과정

시장이 상승을 반복하면서 랠리를 보이는 고점에 외국인 매도 ▶

시장 및 주가 변동성 보이면서 상승과 하락 반복 연출 ▶

개인투자자는 저가 매수 기회라고 착각하고 매수 ▶

개인 매수하는 타이밍에 기관 매도 ▶

개인은 반신 반의 하면서 물타기(추가 매수) ▶

외국인, 기관은 추가적으로 매도하면서 공매도까지 증가 ▶

개인신용물량 반대매매 및 투매 시작 ▶

외국인, 기관, 그리고 프로그램까지 극도의 공포를 주면서 마지막 매도 ▶

개인 대부분 손절하며 망연자실 ▶

최악의 시장 분위기 조성하면서 외국인 저점 매수 시작 + 공매도 물량 매수 전환 ▶

반신 반의(半信半疑)하면서 주식 시장 상승 시작 ▶

기관 매수 동참하면서 추가적으로 시장 상승 ▶

투매에 동참 안 한 개인투자자들은 본전에 매도 ▶

주식 시장 30~50% 상승 ▶

발 빠른 일부 개인투자자 재매수 시작 ▶

주식 시장 추가적으로 상승 ▶

외국인 매도 + 공매도 시작 ▶

기관은 개인 투자자에게 추천 시작 ▶

기관은 개인 투자자 매수할 때까지 상승 유도 ▶

순진한 개인투자자 속으면서 공격적 매수 시작 ▶

이때가 또다시 고점 ▶

이런 사이클은 몇십 년간 이어진 전형적인 패턴이다.

탐욕과 공포, 그리고 주식 시장에 항상 드리우는 '대 폭락장'!!

투자자들의 입장에서는 달갑지 않은 운명의 장난이라고나 할까?

그것은 바로 주식 시장에서 반복적으로 나타나는 엄중한 심판(폭락장)이다. 즉, 투자자들의 탐욕이 극에 달했을 때 어김없이 나타나는 큰 하락장을 말한다. 가까이는 2008년 9월 리먼브라더스 파산이 있었고, 멀리는 1929년 대공황이 있었다.

'블랙먼데이(Black Monday)', 검은 월요일은 보통 1987년 10월 19일 뉴욕 월 스트리트에서 하루 만에 주가가 -22.6%나 빠지면서 주식 시장에 큰 충격과 공포를 안겨 준 사건을 말한다. 이후 큰 폭의 하락을 하는 요일에 'BLACK'이라는 단어를 붙이기 시작했다.

주식 시장이란 상승과 하락을 반복하는 것은 당연한 흐름이다. 다만 지나치게 단기에 하락을 하거나 긴 시간 큰 폭의 하락을 하는 경우가 주기적으로 전 세계적으로 반복되어 발생한다는 것이다. 그 폭락의 역사를 짚어 보면서 현재와 미래를 생각하는 시간을 갖도록 하겠다.

1929년의 대공황(Depression of 1929) 또는 1929년의 슬럼프(Slump of 1929)라고도 한다.

아이러니하게도 유독 하반기에 큰 경제 사건이 자주 발생을 한다. 1929년 10월 24일 뉴욕 월가의 '뉴욕주식거래소'에서 주식 시장이 대폭락한 것에서 발단이 된 공황은 가장 전형적인 세계공황으로서 1933년 말까지 진행되었다. 거의 모든 자본주의 국가들이 여기에 말려 들었으며, 그 여파는 1939년까지 이어졌다.

제1차 세계대전 후 미국의 정치·경제는 표면적으로 경제적 번영을 누리고 있는 것처럼 보였다. 그러나 그 이면에는 만성적인 과잉생산과 실업자의 문제가 노출되어 있었다. 이런 배경 때문에 10월의 주가 대폭락은 경제적 연쇄를 통하여 각 부문에 급속도로 파급되어, 고용 및 실업 악화, 제반 물가의 폭락, 생산의 축소, 기업 파산 등 경제 활동의 마비상태를 야기시켰다. 수많은 기업들의 도산이 속출하면서 실업자가 늘어나, 1933년에는 그 수가 전체 근로자의 약 30%에 해당하는 1,500만 명 이상에 달하였다.

이 공황은 미국으로부터 시작하여 독일·영국·프랑스 등 유럽 제국으로 악영향을 미쳤다. 이러한 대 공황은 공업부문에 심각한 타격을 주었을뿐만 아니라, 농업부문에도 영향을 미치면서 미국을 비롯하여 유럽·남아메리카에서 농산물 가격의 폭락, 체화(滯貨: 상품이 갑작스러운 수요 축소에 의하여 또는 실재의 수요 이상으로 너무 많이 출하된 결과, 수요 공급의 균형이 깨어져 정체되는 화물을 말한다)의 격증을 초

래하여 각 지방에서 소맥·커피·가축 등이 대량으로 파기되는 사태까지 일어났다. 또한 금융부문에서도 1931년 오스트리아의 은행 도산을 계기로 유럽 제국에 금융공황이 발생하였고, 영국이 1931년 9월 금본위제를 정지하자, 그것이 각국에 파급되어 미국도 1933년 금본위제를 정지하였다.

**금본위제도**

역사를 통틀어 금은 가장 중요한 화폐 수단으로 자리매김 해왔다. 금은 휴대가 쉬워 물건 값을 지불하기 좋았으며 그 자체만으로도 가치를 지니고 있었다. 제1차 세계대전 발발 이전까지 모든 국가의 통화는 일정량의 금에 고정돼 있었고, 모든 국가들의 통화는 금을 기준으로 가격이 매겨졌다. 이처럼 금이 세계 화폐의 중심이 되는 체제를 금본위제도라 한다.

## 2. 블랙먼데이(Black Monday)

1987년 10월 19일 월요일, 대공황에 이어 블랙먼데이도 공교롭게 10월에 발생하였다. 이유는 알 수 없지만, 큰 폭의 조정(하락)이 10월에 많이 발생하였다. 근래 들어 2018년 10월, 우리 증시를 포함한 글로벌 증시 대부분 10월 한 달 내내 계단식 하락 내지는 급락을 하면서 시장에 적지 않은 충격을 안겨 주었다. 당시 우리 주식 시장은 상대적으로 더 큰 폭의 하락을 보여 주었는데, 가장 큰 이유는 삼성전자의 약세와 기관의 일관된 매도 포지션에 우리 시장이 상대적으로 더 깊은 조정을 보여 주었다고 생각한다.

1987년 10월 19일 월요일, 뉴욕 증권시장은 개장 초부터 대량의 팔자 주문이 쏟아졌다. 전 세계 자본시장의 중심인 뉴욕의 주가는 그날 하루 폭으로는 508포인트, 퍼센티지(%)로는 전일 대비 -22.6%가 하락하였다. 이 수치(하락 폭)는 미국 경제를 기나긴 대공황의 길로 몰았던 1929년 10월 24일(목요일)의 뉴욕 증권시장의 대폭락(대공황)을 상회하는 수준이다. 그런데 더 중요한 것은 이 날 폭락의 명확한 원인규명이 초기부터 제대로 이뤄지지 않았다는 것이다.

브레디위원회로 불렸던 미국 대통령 직속 특별위원회, 미국 회계검사원 등이 대폭락의 원인 규명에 매달렸지만, 왜 그런 일(큰 폭의 조정)이 벌어졌는지 알아내는 데는 오랜 기간이 걸렸다. 저명한 학자들과 미국 정부가 발견한 1987년의 교훈은, 금융시스템은 스스로의 위험(리스크)을 완전히 없애지 못한다는 것이다. 이후 규명해 낸 폭락의 원인은 '포트폴리오 보험'이었다.

'포트폴리오 보험'이란 주가가 떨어질 경우를 대비해 기관투자가들이 미리 주식선물을 매도해 놓고, 주가 하락의 직접 손실을 선물매도로 메우는 투자방식을 말한다. 그러나 문제는 막상 전반적인 주가 하락이 시작되자 그 속도를 이 같은 포트폴리오 보험이 오히려 가속시키면서 급격한 하락을 부추겼다는 점이다. 즉, 투자자들이 붕괴되는 시장에서 손실을 만회하기 위해 선물을 팔았지만 현물 주식가격도 같이 떨어지면서 하락이 하락을 불러온 것이었다.

### 교환사채(Exchangeable Bonds, 交換社債)

EB로 약칭되는 교환사채는 사채권자의 의사에 따라 주식 등 다른 유가증권으로 교환할 수 있는 사채를 의미한다. 교환사채는 이사회의 결의에 의하여 발행하는 회사채의 한 종류로서, 발행회사가 보유한 제3의 기업 주식과 교환되므로 교환 시 발행회사의 자산과 부채가 동시에 감소하는 특징이 있다.

## 3. 1997년 IMF(금융위기)

1970년대와 1980년대 한국과 동남아시아는 미국이나 유럽보다 빠르게 발전을 하였다. 1990년대의 한국은 고도성장을 바탕으로 세계 11위의 무역대국, OECD 가입국, 국민소득 1만 달러 시대에 진입하는 등 아시아의 용으로 각광을 받으면서 신흥국 또는 이머징 국가들의 롤 모델이 되기도 했다.

그러나 1997년 1월 23일, 한보철강 부도를 시작으로 대기업들의 연쇄적인 부도, 환율 상승과 끝이 안 보이는 주가 하락, 한국은행의 외환보유고 고갈 등 일련의 사태가 발생하면서, 이후 1997년 11월 21일 결국 IMF에 구제금융을 공식적으로 요청하기에 이르렀다. 특히 1990년대에는 많은 외국 자본이 아시아 국가로 흘러 들어왔고, 우리나라도 금융 자유화 및 금융 시장 개방 등으로 인해 외국 자본이 빠르게 늘어났다. 금융 기관들은 이 자본을 빌려 기업이 발행한 어음을 사들였고, 자연스럽게 국가와 기업이 외국에 진 빚도 늘어나게 되었다. 그런데 어음을 발행한 기업이 부도가 나자, 그 어음을 사들인 금융 기관들도 동반해서 어려움을 겪게 되었던 것이다.

우리나라를 비롯한 신흥국의 금융위기는 문어발식 기업 확장 및 주먹구구식 기업 경영 등 자체적인 부족함도 있지만, 가장 큰 도화선은 미국 연준이 금리인상을 반복적으로 올린 것이다. 금리인상이 누적되면서 1997년 이후 동남아시아 국가들의 경제가 어려워지는 가운데, 외국 투자자들은 빌려주거나 투자한 자본을 거두어들이기 시작하면서 이를 상환할 능력이 부족하게 되자 문제가 불거진 것이다. 결국 동남아시아의 여러 나라들은 국제 통화인 달러가 부족해지고, 그로 인한 자국의 화폐 가치가 크게 떨어지면서 외환 위기를 겪게 되었던 것이다. 외국 투자자들은 우리나라 경제에도 불안감을 느껴 투자한 자본을 거두어들였으며, 이러한 과정에서 우리나라의 우수 기업을 (일부 의도적으로) 망하게 한 다음 싼 가격으로 사들이려는 목적도 있었다.

외국 자본이 빠져나가면서 많은 기업들이 문을 닫게 되었고, 주식 시장은 끝이 없을 것 같은 하락을 보여 주었다. 결국 정부는 어쩔 수 없이 국제 통화 기금(IMF)에 긴급 자금을 요청하게 되었다. IMF는 한국에 지원을 해주는 대신, 기업의 구조 조정과 공기업의 민영화, 자본 시장의 추가 개방, 기업의 인수 합병 간소화 등 여러 조건들을 내걸었다. 정부는 조건을 수락함과 동시에 IMF의 관리를 받아 국가 경제를 운영하기로 약속하고 자금을 지원받았다.

김영삼 대통령에 이어 김대중 대통령이 집권하면서 정부는 독점 재벌의 해체, 공기업의 민영화, 부실기업 정리, 노동자 정리 해고의 간편화, 소비 촉진 등 경제 구조를 개편하고 경제 정책도 크게 바꾸었다. 그 결과, 2001년 8월에 IMF에게 빌린 돈을 모두 갚고 IMF 관리 체제를 예정보다 일찍 끝낼 수 있었지만, 그 후유증도 매우 컸다. 수많은 회사가 문을 닫았고 우수한 기업들이 헐값에 외국 자본가들의 손으로 넘어갔으며, 그에 따른 실업자도 크게 늘어났다. 또한 노동자의 해고가 쉬워지고 정규직 대신 비정규직 노동자가 크게 늘어나 고용이 불안정하게 되었다. 소비 촉진 정책을 위해 카드 발급과 사용을 크게 늘리면서 카드빚을 갚지 못하는 신용 불량자도 늘어나 '카드 대란'의 원인이 되기도 했다. 필자도 그 당시 어려움과 힘든 과정을 직접 겪으면서 두 번 다시 겪어서는 안 될 일이라고 다시 한번 다짐해 본다.

닷컴 버블(Dot-com Bubble)은 인터넷 관련 분야가 성장하면서 산업 국가의 주식 시장이 지분 가격의 급속한 상승을 본 1995년부터 2000년에 걸친 거품 경제 현상이다. IT 버블, TMT 버블, 인터넷 버블이라고 불리기도 한다. 이 시기는 흔히 닷컴 기업이라 불리는 인터넷 기반 기업이 설립되던 시기였으며 많은 경우에 실패로 끝났지만, 증시에서는 엄청난 버블을 만들었다가 물거품처럼 사라진 케이스이다.

2000년대로 들어서면서 세계 경제의 화두는 바로 인터넷이다. 컴퓨터를 통한 대화가 이뤄지고, 뉴스와 영화를 실시간 접하면서 꿈의 통신망이 대중화되었다. 그러자 너도나도 이 분야의 사업에 뛰어들게 되었던 것이다. 특히 미국에서 제일 큰 인터넷 사업자였던 AOL의 주가(시가 총액)는 당시 기준으로 1,000억 불이 넘는 엄청난 기록을 하였고 인터넷을 대표하는 AOL과 기존의 엔터테인먼트 분야에서 세계적이었던 미디어 그룹 타임워너와의 합병은 엄청난 시너지 효과를 불러일으킬 것이라는 전망이 대두되었다. 그에 따른 수많은 IT 관련 벤처기업이나 기존 IT 기업들의 주가는 폭등에 폭등을 거듭하였다.

그러나 "산이 높으면 골이 깊다."라고 했다. AOL은 곧이어 바로 주저앉아 버리고 말았다. 비싼 요금과 저질스러운 인터넷 서비스는 수많은 사람들의 등을 돌리게 하였고, AOL 타임워너의 합병 효과는 흐지부지하게 되고야 말았다. 그와 동시에 주가가 폭락하기 시작하였고 수많은 벤처기업들 역시 파산하게 되고 만다. 이 외에도 수많은 IT기업들이 시도했던 인터넷 서비스들이 과도기적인 인터넷 기술에 너무 많은 것을 융합하려다 보니, 다시 말해서 너무 시대를 앞서가게 되었고 결과적으로는 실패한 실험이 되었다.

쓰라린 경험을 바탕으로 다시 제조업과 금융산업이 대두되었으며, 신자유주의 경제체제가 확고하게 되는 계기가 되었다라고 말할 수 있다.

### 대형주, 중형주, 소형주

증권시장에서 대형주, 중형주, 소형주의 구분은 자본금에 따라 정해진다.
자본금이 750억 원을 넘으면 대형주, 350억 원 이상 750억 원 미만은 중형주, 350억 원 미만은 소형주로 분류된다.

# 5. 2006~2008년 미국의 금융위기

글로벌 경기를 위축시키며 시장을 혼란으로 빠트린 미국의 서브프라임 위기가 지나친 부동산 가격 상승 때문이라는 주장은 글쎄(?) 단편적인 부분만 보면 그렇게 생각할 수도 있다. 그러나 IMF의 자료에 의하면 2001년부터 2006년까지가 단순히 부동산 가격 상승만으로 서브프라임 위기가 발생했다고 말하는 것은 본질을 회피하려는 것이다.

진짜 위기의 시발점은 이라크 전쟁(2003년)과 아프가니스탄 전쟁(2001년)에 직접 전쟁비용을 약 2조 달러 이상 투입하면서도 감세정책을 병행하여 재정지출이 과다해지고 채권발행이 증가한 것이 중요한 요인 중의 하나이다.

두 번째는 부시의 주택 550만 채 공급정책이다. 2003년부터 부시가 주장한 주택 소유자의 사회(Ownership Society) 등 부시는 이러한 정책을 성공시키려는 욕심으로 무리한 정책을 남발하게 된다. 결국은 무리한 드라이브 정책으로 뒷감당이 안 되는 파국으로 걸어가게 된 것이다. 부실의 단초를 보면, NINJA대출(No Income, No Job or Asset: 소득, 직업, 자산이 없어도 금융권이 대출을 해주어 주택구입)을 부추기며 부실 모기지가 쌓여가게 방치하였으며, 이후 이러한 방대한 대출이 금리인상으로 붕괴되고, 결국은 금융위기의 모태가 된 것이다. 이후 기업 파산이 도미노처럼 일어나기 시작하였다.

1) 2007년 4월 뉴 센트리 파이낸셜 파산(두 번째로 큰 모기지 업체)

2) 2007년 8월 아메리칸 홈 모기지 인베스트먼트 파산(알트 A 모기지 업체)

3) 2008년 3월 베어스턴스 파산(월가에서 다섯 번째로 큰 투자은행 이후 JP모건 체이스가 인수)

4) 2008년 9월 리먼브라더스 파산 등 전 세계가 금융위기로 확산되기 시작하였다. 전 세계로의 금융위기 확산을 막기 위해 미국은 제로 금리 정책과 양적완화 정책을 시행하게 된다.

양적완화 정책이란? 정책 금리가 '0'에 가까운 초저금리 상태에서 경기부양을 위해 중앙은행이 시중에 돈을 푸는 정책으로, 정부의 국채나 여타 다양한 금융자산의 매입을 통해 시장에 유동성을 공급하는 것을 말한다. 양적완화는 중앙은행이 기준금리를 조절하여 간접적으로 유동성을 조절하던 기존 방식과 달리, 국채나 다른 자산을 사들이는 직접적인 방법으로 시장에 통화량 자체를 늘리는 통화정책으로, 자국의 통화가치를 하락시켜 수출경쟁력을 높이는 것이 주목적이다. 통화량이 증가하면 통화가치가 하락하고, 원자재 가격이 상승하여 물가는 상승한다. 한 국가의 양적완화는 다른 나라 경제에도 영향을 미칠 수도 있다. 양적완화는 2001년 3월 일본은행이 장기간의 침체를 벗어나기 위해 처음으로 도입하였으며, 이후 미국이 자국의 금융위기를 극복하기 위해 선택한 정책이다.

미국은 2008년 9월 리먼브라더스가 파산을 하고, 이후 2008년 11월과 2009년 3월, 그리고 2010년 11월 등 양적완화를 시행하였지만, 이러한 양적완화는 실물경기 회복에 기대만큼 성과가 없었다. 그러자 미 연방준비제도위원회(연준)는 2011년 9월부터 장기 국채는 매수하고, 단기 국채는 매도하는 오퍼레이션 트위스트(OT)로 전환하였다. 그러나 미국은 이후에도 경제 불안이 지속되자 2012년 9월 13일 연방준비제도이

사회(FRB)는 매달 400억 달러 규모의 주택저당증권(MBS: Mortgage Backed Securities)을 사들이고 '0%' 수준의 기준금리를 2015년 중반까지 유지하기로 한다는 3차 양적완화(QE3)를 발표하였다.

3차 양적완화(QE3) 이후 저금리의 풍부한 자금이 풀리면서 마이너스 성장률을 보이던 경제성장률이 2009년 1%대의 플러스 성장을 보였고, 2014년 상반기에는 4.6%까지 회복되었으며, 실업률이 하락하는 등 경기부양 효과가 나타나기 시작했다. 결국, 2014년 10월 28~29일(현지 시각) 열린 연방공개시장위원회(FOMC) 정례회의에서 양적완화 종료를 공식 선언하였고, 이후에도 견조한 경기 호조세에 뉴욕 증시는 상승 랠리를 이어갔던 것이다.

# 02 주식 시장 격언과 실전 차트 연습

주식은 저가에 사서 고가에 팔면 된다.

그러나 말처럼 그리 쉽지 않다는 것이 주식 투자하는 사람들의 숙제라는 것이다.

주식 투자에는 많은 원칙과 기법, 그리고 요령이 있다. 이러한 것들을 모두 실천할 수 있으면 주식 투자에서 반드시 성공할 수 있다. 그러나 시대의 명인들이라 하더라도 그 많은 투자 원칙을 100% 실천할 수는 없다. 따라서 자기의 성격이나 습관 등을 고려해서 자기 자신에게 가장 잘 맞는 투자 전략과 방법을 개발해야 된다. 예를 들어 인기주(테마주)의 편승 매매에 능한 사람은 그에 부합하는 패턴을 찾아서 매매하고, 유연성이 부족하거나 단타보다는 중장기 종목을 선호하는 사람은 좋은 종목(기업 가치 대비 저평가된 기업)을 주가가 낮을 때 분할 매집을 해 놓고 중장기적으로 보유하는 전략이 유효하다.

주식 시장에 발을 담그고 오랜 시간 주식을 하다 보면, 주식이 잘 될 때보다는 안 되는 시간이 더 많다는 것을 알게 될 것이다. 즉, 1년 중에 한 달 정도 눈 감고 사도 수익이 나는 기간이라고 하면 나머지 11개월은 본전 내지는 손실을 볼 수 있는 시련의 시간들이라는 것이다. 따라서 주식을 할 때는 담대한 마음가짐이 중요하다. 시장이 하락한다고 무작정 걱정하거나 포기하는 것이 아니라, 정확한 시장분석과 종목을 이해하고 대응해야 한다. 시장의 하락으로 종목이 하락한다면 뇌동 매매보다는 마음을 추스르고 슬기롭게 대처해 나가는 지혜가 필요하다.

그런 취지에서 여기서는 주식 시장에서 회자되는 '증시 격언'을 소개하겠다.

## 주식 투자 격언이란?

과거 긴 시간을 통해 수많은 투자자들이 경험한 공통적인 '시세의 속성'이나 '투자의 요령' 같은 것을 말한다. 인간이 한평생을 통해서 시세를 경험할 수 있는 기간은 고작해야 50~60년에 불과하다. 이 정도의 짧은 경험으로 시세와 투자요령을 제대로 이해하기란 어려운 것이다. 따라서 먼저 살다 간 투자자들의 '경험담'이나 '투자 격언'은 주식 투자를 하는 실전매매에서 반드시 참고하지 않으면 안 된다.

# 촛불은 꺼지기 직전이 가장 밝다

::: 갑작스러운 급등 시세라도 폭락을 염두에 두자.

    하이스틸 일봉차트를 보면, 2018년 들어서면서 남북 화해 분위기가 조성되면서 연초에 조용한 흐름을 보이던 주가가 남북 정상 회담과 북미 정상 회담 등 기대감에 급등을 연출하였다. 그러다 정상 간 만남 이후, 재료 소멸로 바로 급락을 하였다. 이렇듯 주가는 기대감에 오르고 재료가 노출되는 시점에는 차익을 해야 한다. 특히 고점에 장대 음봉이 발생하면서 대량 거래가 수반된다는 것은 저가에 산 물량이 차익 하고 나간다고 이해해야 한다.

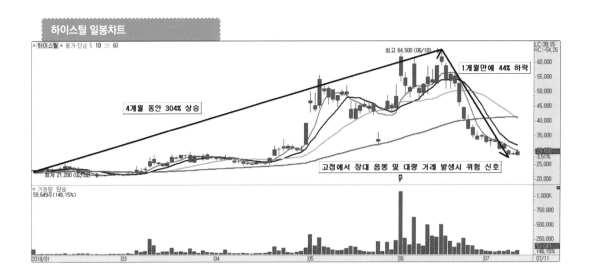

**하이스틸 일봉차트**

# 비 온 뒤에 땅이 굳는다

::: 견조한 주가 조정은 추가 상승의 발판을 마련해 준다.

　비 온 뒤를 대비한 좋은 종목 발굴을 게을리하지 말아야 한다.

　삼성전기 월봉차트를 보면, 삼성전자에 대한 매출 비중이 큰 동사 같은 경우 2010년 7월 1일 160000원 고점을 형성한 이후, 삼성전자 주가가 박스권에 머무르고, 삼성전기 역시 매출 다각화에 진전이 없자 6년 이상을 하락하였다.

　그런 하락 과정 속에서 2014년 10월 1일 39800원 저점을 찍고 2년 동안 주가가 박스권 횡보를 보이다, 삼성전자의 주가 상승과 동사의 매출 다각화에 성공하면서 주가가 저점에서 417%나 급등을 연출하였다. 동사의 주가 흐름을 보더라도, 기업이 갖고 있는 기술력과 성장성을 분석하였다면, 주가가 하락하거나 횡보를 보이더라도 믿고 투자를 해야 한다는 것을 보여준 사례이다.

**삼성전기 월봉차트**

## 산이 높으면 골이 깊다

::: 주가가 많이 오르면 하락을 조심하라.

## 익은 감은 건드리기만 해도 떨어진다

::: 상승할 만큼 상승한 종목은 작은 악재로도 쉽게 무너진다.

    안랩 주봉차트를 보면, 대선이라는 테마도 있었지만, 주가가 기업 가치 대비 지나치게 오르면 반드시 상승 분을 대부분 반납하면서 단기에 급락하게 되어 있다. 동사의 주봉차트를 보더라도 급등 이후 급락을 확실하게 보여 주고 있으며, 이런 종목은 저점에서 사서 큰 수익을 거두어야지, 고점에 사면 긴 시간 마음고생을 해야 한다는 사실을 명심해야 한다.

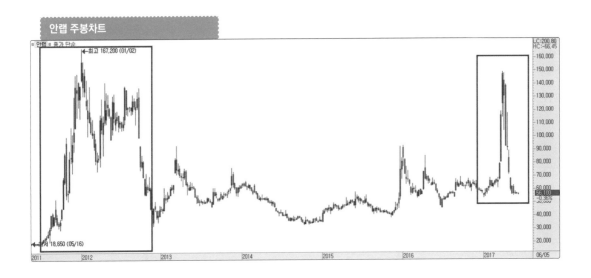

안랩 주봉차트

## 천장권의 호재는 팔고 바닥권의 악재는 사라

::: 주가는 오르는 힘이 다하면 호재에 둔감하고 작은 악재에 민감하다. 반면에 장
    기간 바닥을 굳힌 후 서서히 오르기 시작하는 주가는 악재가 나와도 추가 하락
    보다는 상승을 한다.

아모텍 주봉차트를 보면, 휴대폰 사업의 성장과 자동차 부품 관련 사
업의 확대에, 주가가 저점에서 761% 상승을 보여 주었다. 이후 성장세가
꺾이고 새로운 호재성 뉴스가 없자 주가는 1년 만에 69%나 하락을 하
였다. 공포 구간에서 매수를 해야 한다고 했다. 동사는 신규 사업을 확
대하면서 2019년 이후 재도약이 가능한 기업으로 분석이 되고 있으며,
향후 성장성에 주목할 기업이라 생각된다.

아모텍 주봉차트

## 우거진 나무로 새가 모인다

::: 주가는 거래량의 그림자이다. 거래가 없는 시장은 급등과 급락을 보이면서 허약한 모습을 보인다. 따라서 주식 시장은 상승 모멘텀이 충족될 때 주가가 오른다.

## 확신이 있으면 과감하게 투자하라

::: 확신이 있으면 주식(가격)에 구애받지 말라. 지나치게 신중하면 큰돈을 못 번다.

이엠코리아 일봉차트를 보면, 시장이 박스권에서 움직임이 없고, 방향성이 없을 때는 정부 정책과 테마주로 거래가 몰리면서 주가가 상승을 하게 된다. 수소차 테마 대장주인 이엠코리아 일봉차트에서 알 수 있듯이, 지루한 횡보 흐름을 보이다가 거래가 동반된 급등이 연출되면서 2개월 만에 3배 이상의 주가 상승을 보여 주었다. 시장의 중심 테마가 되면서 거래가 늘면 과감한 베팅도 필요하다는 것을 보여 준 기업이다.

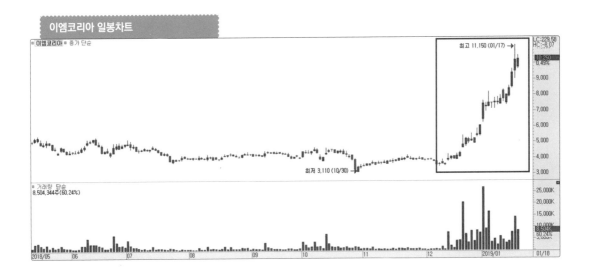

**이엠코리아 일봉차트**

# 사슴을 쫓는 자는 토끼를 쳐다보지 마라

::: 큰 시세를 두고 작은 시세에 현혹되지 말라는 의미이다. 큰 차익이 예상되는 시
점에서 매수를 주저해 기회를 놓치거나, 또는 끈기를 가지고 버텨야 하는 시점
에서 주변의 작은 시세에 현혹돼 갈아타서 낭패를 보는 경우가 비일비재하다.

이 격언에 딱 맞는 테마가 남북 경협주이다. 경협주는 트럼프와 김정은
의 뉴스에 의해 주가가 변동성을 보여 주었다. 그러나 여기서 중요한 팩
트는 첫째, 트럼프는 2020년 대선과 노벨 평화상을 노리고 비핵화를 추
진한다는 사실이다. 둘째, 김정은 역시 되돌리기에 너무 앞서 나왔다는
것이다. 즉, 미국과의 협상을 가능하면 해결하려 한다는 사실이다. 셋째,
우리 정부의 핵심 과업이기에 무슨 수를 써서라도 비핵화 및 남북 화해
를 위해 노력한다는 것이다. 몇 개의 경협 종목을 보면 굴곡이 심하다. 이
들은 재료가 소멸되기 전까지는 큰 변동을 염두에 둔 매매를 해야 한다.

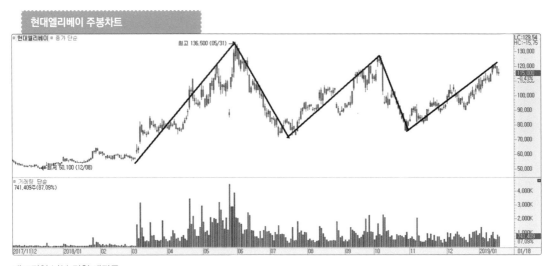

대표적인 남북 경협 대장주

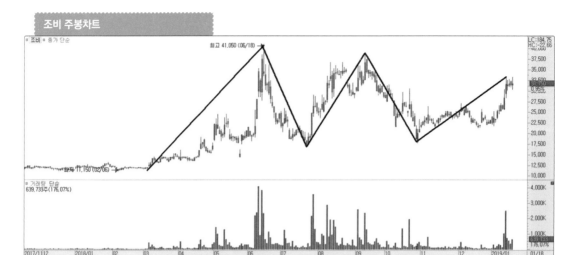

인도적 지원관련 대표 비료주

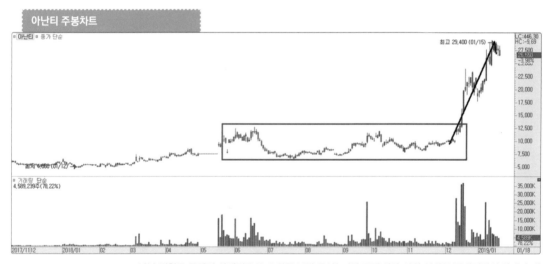

남북 경협주 중에서 상대적으로 소외를 보던 동사는 '짐 로저스'가 사외 이사로 등재되면서 갑자기 대장주로 등극한 기업이다.

# 상승세가 강한 종목에서 나오는 하락(음봉)은 매수 신호다

::: 기술적 분석이 가미된 증시 격언으로, 강한 상승을 보이는 종목은 중간중간 차익 물량도 나오지만, 상승을 위한 매물 소화 과정을 보이면서 하락을 하는데, 대부분 개인 투자자들은 매도를 한다. 주식은 시세의 흐름을 한쪽으로 잡으면 일정기간 진행되는 속성을 보이는데 이를 적절히 활용하면 짭짤한 수익을 거둘 수 있다.

현대글로비스 일봉차트를 보면, 지지 라인을 훼손하지 않으면서 우상향 패턴을 보이는 과정에서 보면, 상승 전(前) 음봉이 나오면서 추가 상승을 하는 것을 볼 수 있다.

현대글로비스 일봉차트

포스코켐텍 일봉차트를 보면, 지지 라인을 훼손하지 않으면서 우상향 패턴을 보이는 과정에서 보면, 상승 전(前) 음봉이 나오면서 추가 상승을 하는 것을 볼 수 있다.

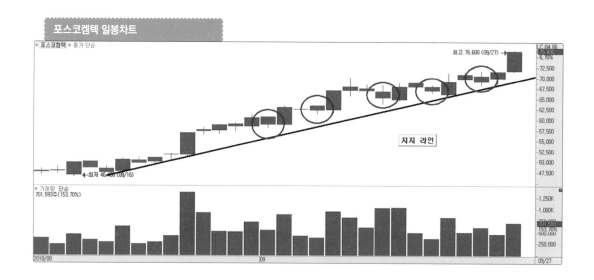

**포스코켐텍 일봉차트**

## 움직이지 않는 종목에는 손대지 마라

::: 주가 패턴은 한번 정해지면 상당 기간 동일한 추세를 보인다. 따라서 움직이지
않는 주식은 지루하고 앞으로 오르게 될지 내리게 될지 잘 알 수 없으므로 조
심하자. 그러나 기업 가치가 훼손되지 않은 기업은 언제일지는 모르지만, 또한
강한 반등을 준다.

해성산업 주봉차트를 보면, 긴 시간 동안 작업을 통해 10배 이상의 주
가 상승을 준 다음 단기에 급락을 한 이후 5년째 하락을 이어가고 있다.
이런 종목을 4년 전 또는 5년 전에 매수했다면 매우 힘든 시간을 보내고
있을 것이다. 그러나 이 기업 같은 경우, 알짜배기 기업으로 언제인지는
모르지만, 저항 라인을 돌파하면 제법 큰 상승도 가능할 것으로 보인다.

해성산업 주봉차트

휴멕스홀딩스 주봉차트를 보면, 하락 추세를 보이는 종목은 상승으로 전환을 하려면 많은 시간이 필요하다. 그래서 이런 종목은 가능하면 추세가 상승으로 돌기 전에는 매수를 자제해야 한다.

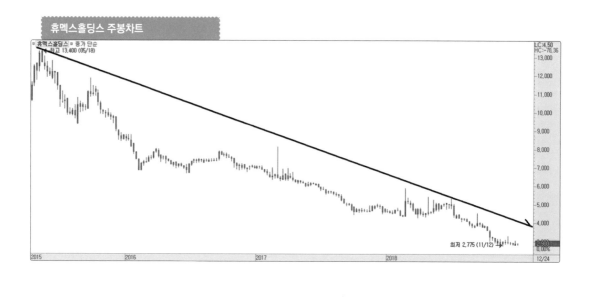

**휴멕스홀딩스 주봉차트**

# 긴 시간 움직이지 않던 종목이 오르기 시작하면
# 크게 오른다

::: 거래 없이 기나긴 휴면 상태의 종목이 움직이기 시작하면, 즉 거래가 늘면서 장
   대 양봉이 나오면, "우리가 모르는 이유가 있어서 움직인다."라고 생각해도 된
   다. 따라서 이런 종목은 한번 오르기 시작하면 크게 오르는 것이 보통이다.

   포스코엠텍 주봉차트를 보면, 긴 시간 소외받듯 박스권에서 등락을 보
이다가 남북경협 광물 자원 테마주로 엮이면서 거래가 동반된 강한 상
승을 긴 시간 동안 보여 주었다.

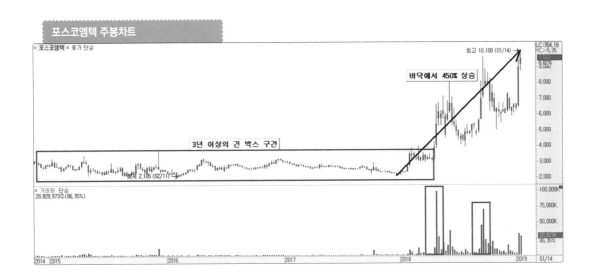

**포스코엠텍 주봉차트**

## 주도주(인기주, 테마주)는 초기 시세에 따라붙어라

::: 주식에는 항상 주도주라는 것이 있다. 이들이 시장을 선도하고 등락폭이 심한 것도 주도주이다. 주도주는 초기에 뛰어들면 크게 수익을 거두지만, 뒤늦게 뛰어들면 낭패한다.

여기서 꼭지 시그널은 평소에 본인이 주도주 매매를 안 하다가, 시장 분위기에 편승해서 "나도 매매해야 하나?"라는 생각이 들 때가 꼭지라는 사실 명심하자.

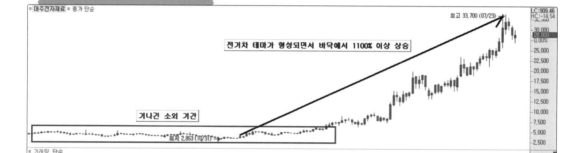

# 일찍 일어나는 새가 벌레를 잡아먹는다

::: 남들과 똑같은 방법으로 투자해서는 큰 수익을 내기 힘들다. 많은 노력과 시간
　을 투자하라는 뜻이다.


　주도주(테마주)는 초기에 잡아야 크게 수익을 낸다는 점을 인지하면
서 보해양조 주봉차트를 보면서 주가 흐름을 살펴보자.

대통령 레임덕이 부각되면서 깜짝 등장한 정치인 테마주(보해양조 주봉차트, 유시민 관련주)

## 하락 추세장에서 기술적 반등(반짝 장세)에
## 현혹되지 마라

::: 시장 추세선이 하락 중일 때 낙폭 과대에 의한 기술적 반등이 나오게 되면 혹시
나 하는 생각을 하기 쉽다. 그러나 추세 전환이라는 확신이 서기 전까지는 경계
심을 풀면 안 된다.

POSCO 월봉차트를 보면, POSCO라는 브랜드를 믿고 투자를 하게
되면 차트에서 보듯이 긴 시간 보유해야 하는 낭패를 볼 수 있다.

POSCO 월봉차트

# 바닥은 깊고 천장은 짧다

::: 주식시세가 진행되는 일반적인 패턴은 하락 추세 및 횡보 기간이 가장 길고 상
승 기간은 매우 짧다. 주가가 급등하는 천장권의 시세는 극히 짧은 기간에 머물
고 그로부터 또다시 기나긴 하락기간으로 들어가는 것이 보통이다.

삼성엔지니어링 월봉차트를 보면, 중간 중간에 상승을 하면서 양봉 캔
들이 나타나지만, 하락 추세를 보이는 흐름은 기술적 반등을 보고 단기
접근은 가능하지만, 중장기 투자를 하면 큰 낭패를 보게 된다.

**삼성엔지니어링 월봉차트**

## 대량거래가 지속되면 천장의 징조다

::: 주식시세는 큰손이나 전문투자가들에 의해서 주도되는 것이 보통이다. 이들 시
    장 전문가들은 바닥권이나 시세의 초기 단계에서 매입했다가 시장 활황을 보고
    몰려드는 일반투자자나 대중 투자자들이 매입에 열중할 때 보유주식을 사정없
    이 내다 팔면, 그때 바로 천장이기 때문이다.

비츠로시스 일봉차트를 보면, 수급 주체들이 지지라인을 지키면서 안
정적 상승을 보이다, 거래를 동반한 1차 급등을 연출한다. 이후 변동을
보이다 2차 급등을 하면서 더 많은 거래량이 발생하면서 윗꼬리를 길
게 달거나 음봉 캔들이 나오면 선수들이 차익 하고 나간다고 이해해야
한다.

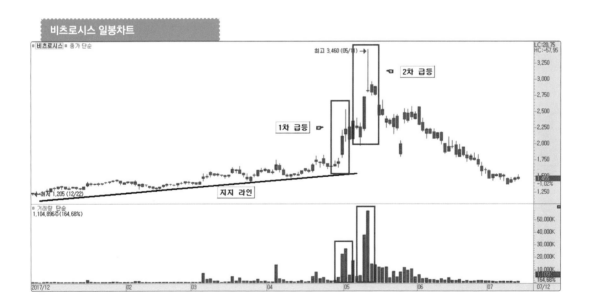

비츠로시스 일봉차트

엔지스테크널러지 일봉차트를 보면, 네모 박스에서 알 수 있듯이 평소 거래량과 다른 많은 거래량을 동반한 주가 상승을 일으킨다. 그러면서 대량 거래를 이용한 주가 급등을 주면서 저가에 매수한 세력들이 차익 실현을 시작하는 것이다. 2차 반등을 하면서 나머지 차익 실현을 한다. 이후 주가가 줄줄 하락하다 한 번 더 급등이 나오는 '원'을 보면 거래가 없이 급등을 하는 것은 고점에 물린 작은 세력들이 털고 나가기 위한 마지막 발악이라고 보면 된다.

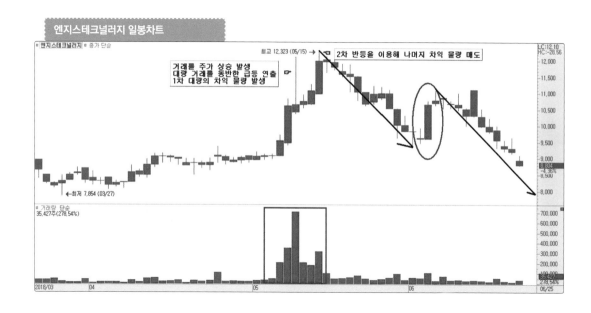

엔지스테크널러지 일봉차트

## 떨어지는 칼날을 잡지 말라

::: 자기가 평소 관심을 갖고 있던 종목이 급락을 하면 매입하려는 충동을 갖게 된
  다. 그러나 주가는 한번 크게 떨어진 후에도 더 큰 폭으로 계속 떨어질 수 있다
  는 사실을 잊지 말아야 한다.


한국항공우주 일봉차트를 보면, 대한민국 대표 방산주라는 것 하나
만 믿고, CEO 리스크 등의 불미스러운 문제가 발생하면서 1차 급락한
종목을 매수했다면, 이후 2차 급락을 맛보게 된다. 아무리 평소에 관심
을 갖고 있는 종목이라고 해도 악재가 발생하면서 긴 조정의 시간이 필
요하다.

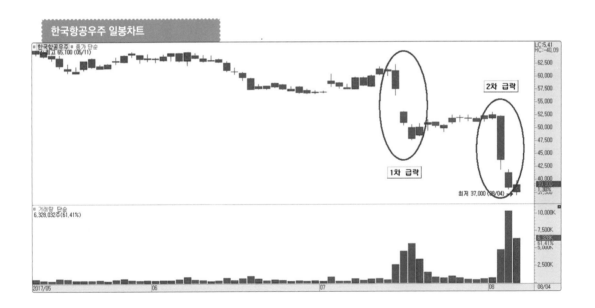

한국항공우주 일봉차트

비에이치 일봉차트를 보면, 애플의 실적에 영향을 많이 받는 동사 같은 경우 차트를 보면, 애플의 실적 부진과 고평가 논란이 일면서 동사 역시 주가가 지속적으로 하락하는 것을 알 수 있다. 중간중간 거래를 동반한 급락을 연출을 한다. 이런 하락 추세를 저가매수 기회라 생각하고 매수하는 순간 물리게 되는 것이다.

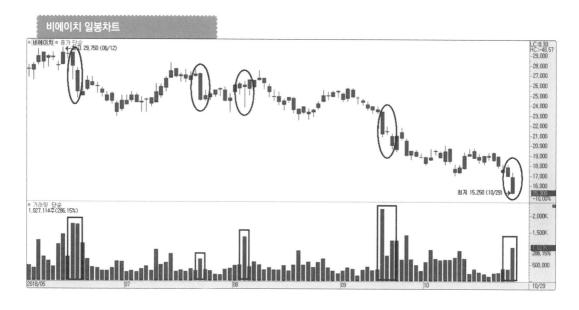

비에이치 일봉차트

# 밀물이 있으면 썰물이 있다

::: 주식 시장은 하락하는 만큼 반발 매수가 생기고, 상승하는 만큼 차익 매물이 나온다. 이는 주식 시장의 수급상 기본 원리이다. 시장에서 한번 형성된 추세는 상당 기간 지속되고 그 안에서는 수급이나 모멘텀에 의한 작은 변화가 반복되며 새로운 파동을 만들게 된다.

셀트리온 주봉차트를 보면, 상장 이후 공매도와 힘겹게 싸운 대표적인 종목으로, 2017년 바이오 장세가 이어지면서 동 종목도 저점에서 400% 이상 급등하면서 바이오 대장주로 등극한 사례이다. 어느 종목이든지 지속적인 상승은 불가능하며, 이후에 동사의 성장이 이어지고 조정이 나오면서 추가 상승은 나타날 것이다.

신라젠 주봉차트를 보면, 바이오 장세에서 가장 핫한 종목이었다. 저점에서 1700% 이상 상승을 하면서 초 대박을 준 종목이다.

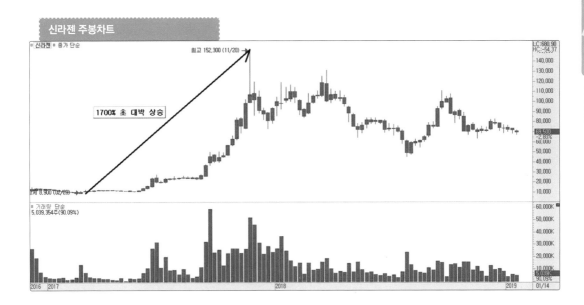

신라젠 주봉차트

## 밀짚모자는 겨울에 사라

::: 종목 선정에 있어서 많이 인용되는 격언으로 좋은 주식이 투자자들의 관심밖에 있어서 저가에 방치되어 있을 때 미리 사놓고 기다리는 방법을 말한다. 가장 쉽고 가장 크게 벌 수 있는 투자 방법이 바로 이것인데 대부분의 투자자들은 움직이는 인기주만을 따라다니기를 좋아한다.

한국전력 주봉차트를 보면, 동사는 한전 부지를 현대차 그룹에 고가에 매각하면서 주가가 2016년 5월 9일 63700원 고점을 형성한 이후 현정부 들어서 탈원전 정책에 가장 피해를 본 기업 중의 하나였다. 그러다 보니 고점 대비 주가가 63%까지 하락을 하면서 끝없는 땅굴을 파는 종목이 되었다. 그러나 더 이상 악재가 악재가 아닌 이상 저평가 과매도 구간이라는 인식이 고개를 들면서 주가가 반등하기 시작했다.

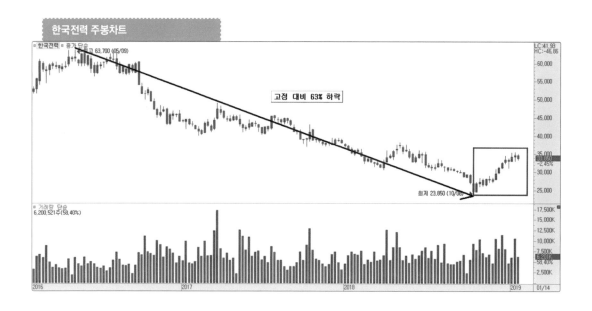

# 에어컨은 겨울에 사라

::: 주가는 재무제표, 기업실적, 배당성향, 경영자 능력과 자질, 그리고 성장 가능
성 등을 다각도로 평가하여 결정된다. 그러나 국내외 경기 변동이나 주식 시장
의 내적인 요인에 의해 주가가 침체상태에 놓여있을 때는 기업의 본질 가치와
무관하게 과소평가되기 쉽다. 과소평가되었을 때 우량주를 사두면 장세가 회복
될 경우 높은 수익을 기대할 수 있다. 에어컨은 여름에 품귀현상을 빚지만, 한겨
울에는 싼값에다 무이자 할부까지 한다.

삼성SDI 주봉차트를 보면, 삼성이라는 브랜드에 안 맞게 주가가 2015
년 8월 24일 75600원까지 하락을 하면서, 시장에서는 완전히 소외된
기업 중의 하나였다. 동 종목을 10만 원 위에서 매수한 투자자들은 어
찌할 바를 모를 정도로 마음을 아프게 한 종목이다. 그러나 전기차가 미
래 자동차의 중심이 되리라는 것을 알았다면 저가에 매집을 시작했어야
한다. 이후 주가는 저점에서 350% 이상 상승을 하였다.

**삼성SDI 주봉차트**

## 소문에 사서, 뉴스에 팔아라

::: 호재 뉴스 발표 전까지 주가가 오르다, 대부분 호재 뉴스가 나오면 주가가 하락한다.

유한양행 일봉차트를 보면, 2018년 11월 15일 동사는 글로벌 제약사인 존슨앤드존슨의 자회사 얀센바이오테크와 '레이저티닙'의 기술수출·공동개발 계약을 맺었다고 하는 뉴스가 나오면서 상한가, 그 다음날 급등 후 차익 매물 출회하면서 이후 주가가 계속 횡보함을 알 수 있다. 그래도 동 종목이 추가 하락을 안 한 이유는 수급 주체들은 동사가 추가 호재 뉴스가 있다고 판단한 것 같다. 그러니 바로 2019년 1월 7일 미국 길리어드사이언스에 7억 8500만 달러(약 8823억 원) 규모의 기술수출 계약을 체결했다고 공시가 나왔고, 바로 급등하면서 차익 물량이 출회하면서 하락하는 것을 알 수 있다.

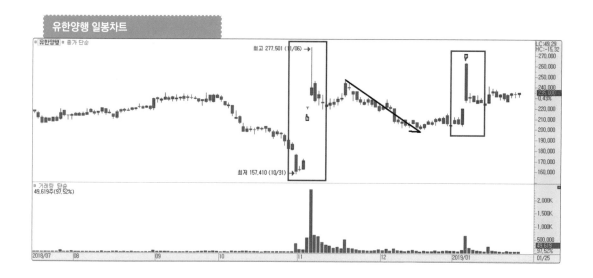

**유한양행 일봉차트**

유비쿼스 일봉차트를 보면, 무선 네트워크 전문 기업인 유비쿼스는 LG유플러스와 942억 원 규모(2017년 기준 매출액의 120%)의 네트워크 통신장비를 공급하는 계약을 체결했다고 공시하자, 장 중에 일시 거래가 중지될 정도로 호재성 뉴스이지만, 바로 차익 물량이 나오면서 하락하는 것을 알 수 있다.

유비쿼스 일봉차트

## 기다리는 봄은 오지 않는다

::: 상승하는 종목을 매수하기 위해 조정을 기다리지만, 누구나 같은 생각을 하고
있으므로 기회는 쉽게 오지 않는다. 오히려 너무 기다리다 상승세를 놓치고 상
투 무렵에야 뛰어드는 경우가 많다.


    거래소 일봉차트를 보면, 2018년 내내 하락하는 약세장을 보였다. 이
에 시장 참여자들의 대부분은 2019년 상반기에 하락한다고 예상하면
서 보수적으로 대응하였다. 그러다 보니 증시가 2차 저점까지 하락했을
때, '1750까지 더 떨어지면 기술적 반등을 노리고, 공격적으로 매수를
해야지' 하고 기다렸다면, 이러한 시장 참여자들은 반등 장의 맛을 못
보았을 것이다. 결국 시장은 오히려 쌍바닥을 만들면서 모두가 기다리는
조정을 주지 않고 이전 고점을 돌파하는 강한 상승을 하였다.

**거래소 일봉차트**

# 신고가는 따라붙어라

::: 시장에서 상승장이 이어지면서 52주 신고가 종목이 속출하면, 보통은 신고가
가 나오면 주가가 너무 올랐다고 생각하기 쉽다. 그러나 시세의 긴 흐름에서 보
면 신고가의 출현은 본격적인 상승의 신호일 경우가 많다. 신고가가 나오면 팔
것이 아니라 주식을 사야 한다는 의미다. 물론 신고가를 형성하고 하락하는 경
우도 많기에 무조건 맹신해서도 안 된다.

비에이치 주봉차트를 보면, 동사는 연성인쇄회로기판(FPCB) 전문 생
산 업체로 애플, 삼성전자, LG전자, 삼성디스플레이 등 국내외 주요 IT
제조업체에 휴대폰(스마트폰), OLED, LCD모듈, 카메라모듈, 가전용
TV, 전장부품용 FPCB를 납품하는 기업으로 2106년 상반기까지는 지
지부진한 주가 흐름을 보이다가 스마트폰의 성장세에 힘입어 2년 만에
1480% 이상의 강한 상승을 보여 주었다.

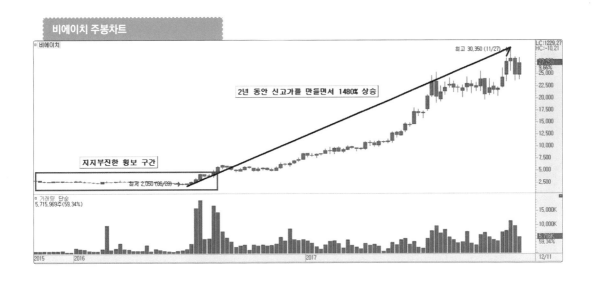

## 생선의 꼬리와 머리는 고양이에게 주라

::: 주식을 매매할 때 천장(고가)에서 팔고 바닥(저가)에서 살 생각을 버려야 한다. 바닥에서는 사기 어렵고 천장에서는 팔기 더 어렵기 때문이다.

## 욕심을 버려야 목표 수익을 달성한다

::: 주식 실패의 가장 큰 원인은 지나친 욕심이다. 수익을 내려고 하는 것은 잃을 수도 있는 시작이다.

LG전자 주봉차트를 보면, 2016년 11월 28일 44700원 저점을 만들고 1년 이상 상승을 보여 주었다. 여기서 1차 고점에 매도를 못 했지만, 다행스럽게 2차 반등이 나오면서, 다시 1차 고점을 돌파하거나 1차 고점 근처에서는 매도해야 한다. 차트에서 보듯이, 지나친 욕심을 부리게 되면, 이후 주가 하락에 수익이 아닌 손실을 볼 수 있기 때문이다.

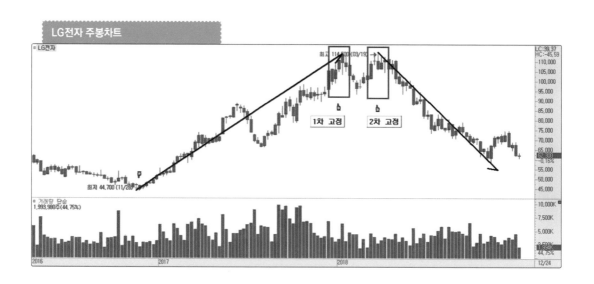

# 기회는 조용히 왔다가, 토끼처럼 달아난다

::: 매도 타이밍을 망설이지 말고, 놓치지도 말라.

    인터플렉스 주봉차트를 보면, 동사는 스마트폰 성장세에 발맞춰 엄청
난 성장세를 보이다가 2017년 말 애플 발 악재에 급락을 보이면서 끝없
는 추락을 하는 기업이다. 아무리 중소 우량 기업이라 해도 악재가 나오
면 무조건 매도해야 한다.

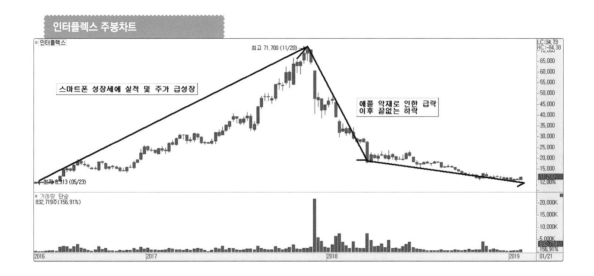

인터플렉스 주봉차트

## 장미를 원하는 사람은 가시를 염두에 두어야 한다

::: 기업 가치가 훼손되지 않았고, 실적이 좋은 기업이 급락할 때는 공포 구간에 매수하는 용기가 필요하다.

　에스엠코어 일봉차트를 보면, 2018년 9월 창사 이래 최대 수주 공시를 띄우고, 또한 대표이사(개인 최대주주)가 일부 물량을 매도하면서 주가가 단기에 52% 급락을 하였다. 그러나 기업의 본질 가치가 훼손된 것이 없기에 오히려 2019년 성장성을 보고 매수할 자리라고 생각하며, 이후 주가 상승을 기대해 본다.

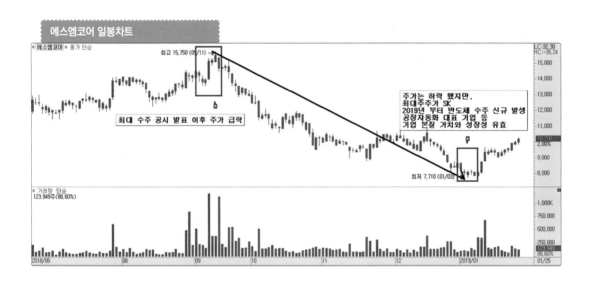

에스엠코어 일봉차트

최대 수주 공시 발표 이후 주가 급락

주가는 하락 했지만,
최대주주가 SK
2019년 부터 반도체 수주 신규 발생
공장자동화 대표 기업 등
기업 본질 가치와 성장성 유효

# 시장 분위기에 취하지 마라

::: 대세(大勢)에 순응하는 것은 투자의 기본 원칙이다. 낙관적이든 비관적이든 주식 시장에는 항상 묘한 분위기가 형성돼 있다. 주식투자는 심리 게임이라고 필자는 항상 강조하고 있다. 주식 시장에서의 흐름은 불합리한 인간 심리나 단면적인 투자 판단에 의해 좌우되므로 수시로 분위기가 변한다. 예를 들면, 각종 호재성 뉴스에 미국 뉴욕증시의 급등, 그 영향으로 우리 증시도 기관 외인의 동반 매수에 지수와 종목이 강하게 오른다. 그러면 여기저기서 장밋빛 전망이 쏟아져 나온다. 그러다가도 한순간 갑자기 급락하는 것이 주식 시장이다. 대세에 순응하되 분위기에 도취되지 않는 냉정한 투자 자세가 필요하다.

코스닥 주봉차트를 보면, 지수가 상승을 할 때는 온갖 호재성 뉴스가 시장을 도배를 한다. 시장 참여자들이 상승에 취해 있는 상태에서(하락에 대한 준비가 안 된 상태) 갑자기 악재성 뉴스가 돌출되면서 시장은 한순간 급락을 하면서 하락장으로 돌변하게 된다.

**코스닥 주봉차트**

# 예고된 악재는 악재가 아니다

::: 이미 예고되고 알려진 사실은 시장의 추세를 돌려놓지 않는 경우가 많다. 즉, 악
　　재가 있을 것으로 예상하고 주가가 깊은 조정을 주었다면, 오히려 악재가 돌출
　　된 이후 불확실성 해소로 보고 상승하는 경우가 더 많다.


　　삼성전자 일봉차트를 보면, 동사는 야심 차게 액면 분할을 통해 국민
주가 되겠다는 포부를 발표하였지만, 실상은 개인이 기관 외국인의 매
도 물량을 받아 주는 형국이 되면서 주가는 연일 하락하였다. 이후 반도
체 업황까지 부정적으로 예측하면서 끝없는 하락을 보여 주었다. 하락
이 있으면 상승이 있는 법, 2018년 4분기 실적을 발표하고 오히려 반등
의 기회로 보고 상승하기 시작하였다. 즉, 2018년 4분기 실적이 안 좋
은 것은 다 아는 사실이기에, 외국인들은 추가적 하락보다는 상승에 베
팅한 경우이다.

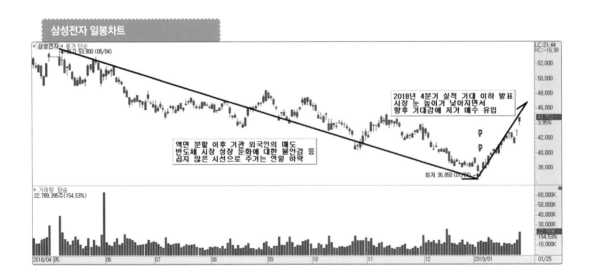

**삼성전자 일봉차트**

# 천재지변이나 돌발사태로 인한 폭락은 매수 기회이다

::: 시장이 예기치 못한 쇼크로 큰 폭으로 하락하면 그 회복 또한 빠르게 나타난다. 모든 시장 참여자(기관, 외국인, 큰손 투자자 등)가 동반 손실을 당하는 경우, 손실 만회를 위해 대부분 빠른 반등을 준다는 것은 반복된 과거 시장 흐름에서 알 수 있다.

2008년 이후 코스피 급락시 하락률(단위: %)

| 주요 이슈(이벤트) | 시 기 | 장 중 저 점 | 고점대비 하락률 |
|---|---|---|---|
| 2008년 글로벌 금융위기 | 2008.10.27 | 892.16 | 39.80 |
| 미국 신용등급 강등 | 2011.09.26 | 1644.11 | 25.00 |
| 중국 경기둔화 및 유럽 재정위기 | 2012.05.18 | 1779.47 | 13.50 |
| 버냉키 긴축 발작 | 2013.06.25 | 1770.53 | 12.10 |
| 중국증시 폭락 및 위안화 절하 | 2015.08.24 | 1800.75 | 17.80 |
| 유가급락 및 미국 금리인상 | 2016.02.12 | 1817.97 | 12.00 |

거래서 월봉차트를 보면 하락 이후 반등이 나오는 것을 더 자세히 알 수 있다.

# 지혜가 되는 주식 격언

## 》 합창을 하면 주가는 반대로 간다

나만 알 것이라는 생각은 버리자. 나에게 온 정보는 이미 시장 참여자가 다 아는 경우가 대부분이다. 특히 평소에 본인이 기본에 충실한 안정적 매매(가치 투자, 실적에 근거한 우량주 매매 등)를 하는 스타일인데, 시장이 횡보 및 약세장에서 테마주들이 극성을 부리면서 본인의 종목이 안 움직인다고 본인의 매매 스타일을 버리고 테마주로 갈아타는 순간, 해당 테마주가 고점인 경우가 많다. 따라서 본인의 스타일을 바꾸는 것은 신중하게 해야 한다.

## 》 단순하게 충동 매매하면 5%, 신중하게 분석해서 매매하면 50%

종목을 선정할 때는 신중하게 준비하고 분석하고 매매해야 더 큰 수익을 얻는다. 종목에 대해 알지 못하고 그냥 귀동냥으로 매수한 종목은 하락해도 불안하고, 상승해도 어디가 고점인지 몰라서 작게 수익을 보고 매도를 하게 된다. 따라서 종목을 선정하고 매수할 때는 시간과 투자를 통해 정확한 근거에 의한 매수를 해야 상승 시 큰 수익을 거둘 수 있다.

## 》》 수익은 8할, 손실은 2할만 감수하자

시장이 상승세를 탈 때는 끝까지 오를 것이라는 착각에 최고점에 팔려다 매도 타이밍을 놓치고, 하락장에서는 손실에 대한 미련을 못 버리고 손실을 키우는 경우를 조심하자. 즉, 아무리 좋은 종목도 업황이나 시장의 영향으로 하락을 하게 되면, 긴 시간 조정을 줄 수 있다. 따라서 손절을 해야 할 시점에는 반드시 매도를 통해 다음에 찾아올 매수 시점을 찾아야 한다. 좋은 종목이라고 무조건 보유하게 되면 더 많은 기회비용을 잃게 된다.

## 》》 잃은 돈 찾으려다가 남은 돈까지 잃는다

주식 투자에서 손실을 만회하기 위해서 무리한 투자로 더 큰 손해를 보는 것을 경계하라는 말이다. 개인 투자자들이 가장 많이 범하는 실수이다. '지금 내가 얼마를 잃었는데, 이 돈을 빨리 회복해야 한다'라는 강박관념(強迫觀念)에 무리수를 두게 된다. 기업의 재무상태, 기업의 본질 가치 등을 무시한 채, 단기 급등주를 매매하면서 더 큰 손실을 보는 경우를 자주 접하게 된다. 절대로 주식은 서두른다고 손실이 복구되는 경우는 '100% 없다'라는 점을 명심하자.

## 》》 큰 성공 후에 충분한 휴식을 취하라

주식투자는 적당한 선에서 이익을 취한 후 미리 빠져나와서, 한 템포 쉬는 지혜가 필요하다. 주식은 인생사와 같다고 항상 강조하였다. 좋은 날이 있으면 안 좋은 날이 있듯이, 한 종목으로 크게 수익을 보았다면, 더 벌겠다고 바로 매수하는 것보다는 뒤로 물러나서, 충분한 시간을 갖고 시장과 종목을 조사하고 분석해서 접근하는 것이 더 큰 수익을 위한 지혜이다. 수익을 보았다고 바로 다른 종목으로 매수를 하게 되면, 보통은 수익금을 다 잃어버리는 경우가 다반사이다.

## 》》 팔고 나니 오른다고 애통해하지 마라

주식을 최고가(천장)에서 파는 소수의 몇 사람을 제외하고는 팔고(매도) 나서 오르는 것이 지극히 정상적인 것이다. 팔았더니 오르더라도 여유 있게 미소를 지어라. 유리잔의 물이 반 잔만 남았다고 불안해하는 자세보다는 아직도 반이 남았다는 여유의 자세를 갖자. 주식 시장은 내 생이 다하는 그 날까지 열리니까~.

## 》 하루 종일 모니터를 쳐다본다고 수익 나는 것은 아니다

주식에 중독이 되면 매분 매시간 주가 변화를 알고 싶어 못 견디지만, 시간 시간의 주가 변화를 확인하는 것은 투자에 전혀 도움이 되지 않는다. 모니터에 집중하다 보면, 조금만 올라도 매도하고 싶은 심리상태가 된다. 반대로 조금만 하락을 해도 초조해지게 된다. 따라서 전문가가 아니라면 지나치게 주가 흐름에 연연해하지 말자. 주가는 장 중에 오르락 내리락하면서 오르고 내리는 것이기 때문이다. 다만 여기서 중요한 것은 주가의 흐름이 하락 추세인지, 상승 추세인지만 확인하고 보유할지, 아니면 매도할지를 결정하면 된다.

## 》 황소도 곰도 돈을 벌지만, 돼지는 돈을 못 번다

강세장(bull market)이나 약세장(bear market)이나 돈을 벌 수 있지만, 돼지처럼 미련과 과욕을 부리면 절대로 수익을 낼 수 없다. 즉, 시장의 흐름에 순응하면서 일정 수익을 유지하는 것이 현명한 투자이다. 강세장에서는 눈감고 사도 거의 모든 종목이 수익을 준다. 그리고 약세장에서 대부분 손실을 주는 것은 맞지만, 약세장을 잘 이용하면 제법 수익을 거둘 수 있다. 그 이유는 하락을 하더라도 무조건 하락하는 것이 아니라, 기술적 반등을 주고 하락을 하기에 이를 잘 이용하면 하루에도 제법 큰 수익을 거둘 수 있다.

## 》》 가지 많은 나무 바람 잘 날 없다

   너무 많은 종목을 보유하는 건 바람직하지 않다. 주변에서 투자 자금은 5천~1억 원 정도인데, 보유 종목이 50개, 많게는 80개까지 보유한 지인들을 본 적이 있다. 종목별 비중도 1%에서 몇 % 등등 완전 종목 백화점이다. 본인이 보유한 종목을 외우지도 못하고 HTS를 봐야 보유 종목을 알 수 있을 정도이다. 그렇게 종목이 많은 이유를 들어 보니, 증권방송이나 주변에서 좋다고 하면 무조건 사고 보는 것이다. 그리고 손실이 나면 매도 안 하고 그냥 보유하다 보니 그렇게 됐다고…. (혹시 나도 여기에 속하는 1인? 이제부터라도 전략을 바꾸어야 한다.)

   다시 한번 강조하지만, 주식은 매수도 중요하지만, 매도는 더더욱 중요하다. 수익 줄 때 매도는 물론 손실 줄 때 손절도 매우 중요하다. 그래야 성공투자를 할 수 있는 것이다.

## 》》 분할 매수 분할 매도하라

   투자자들은 누구나 시세에 대한 100% 확신을 가질 수 없기 때문에 위험관리 차원에서 나누어서 매매하라. 주식이 사자마자 오르는 경우는 흔하지 않다. 그러다 보니 한 번에 사는 것보다는 분할해서 매수하고, 매도도 어느 가격이 최고가인지를 알 수 없다. 따라서 수익 줄 때는 비중을 줄이면서 수익을 극대화하는 지혜가 필요하다.

## 》》 내부자의 조언도 100% 믿어서는 안 된다

투자정보 가운데 가장 위험한 것이 소위 내부 정보이다. 내부정보는 도중에 와전되거나 최종 결정 과정에서 취소되거나 변경될 수도 있기 때문에 이것을 100% 믿고 투자하면 실패할 가능성도 높다. 특히 이런 매매가 큰 손실을 보는 경우가 비일비재하다. 그 이유는 지인이 알려 준 정보(종목)이기에 믿고 몰빵 수준의 투자를 한다. 그런데 이런 종목은 대부분 개별주에 작전주가 많다. 그러다 보니 역정보이거나 기업내 문제가 발생하면서 종목이 하락하더라도 알려준 지인을 믿고 지속적으로 보유하게 된다. 그러다가 종목이 거래정지, 감자, 상장폐지 등등 돌이킬 수 없는 종목으로 변질되면서 망연자실 하는 경우가 많다.

## 》》 눈으로 강세를 보고 귀로 약세를 들어라

시장이 상승으로 치닫게 되면 이를 눈으로 확인해야 하며, 하락으로 전환될 때는 증시 주변 여건에 대해 귀로 듣고 대비해야 한다. 과거에도 그렇고 앞으로 그럴 것이다. 급락장은 항상 모든 지표가 긍정적으로 나타나면서 하락에 대한 의심을 안 하는 시기에 발생한다. 따라서 지나친 상승과 모두가 축배를 들 때, 역으로 조금씩 발을 빼면서 하락에 대비하는 자세도 중요하다. 물론 상승장에 무조건 발을 빼는 것은 어리석은 전략이고, 다만 광란의 상승장에서는 언제든 쉽게 빠져나올 수 있도록 매매 전략으로 시장에 임해야 한다.

## 》》 매입은 천천히 매도는 신속하게 하라

주식을 할 때, 하나의 종목을 매수할 때는 정성과 인내가 필요하다. 개인투자자들은 사고자 하는 종목을 안 사면 바로 오를 것이라는 착각과 조급함에 한 방에 매수한다. 그러나 어느 종목이든지 주가가 바로 오르는 경우는 흔하지 않다. 따라서 조급한 마음보다는 여유롭고 느긋한 마음으로 낮은 가격에 분할 매수를 하자. 반드시 분할 매수해야 한다. 반대로 팔겠다고 결정하고 마음을 먹었다면 가격고하(價格高下)에도 불문하고 하루라도 빨리 파는 것이 좋다. 보통은 미련 때문에 매도를 못 하고 손실을 키우는 경우가 너무도 많다. 매도는 과감하게 하자.

## 》》 밑바닥이 보이는 살얼음판은 일단 건너고 보라

바닥이 보이는 살얼음판은 건너다가 빠져도 발목 또는 무릎 정도 물에 젖는다. 주도주군을 중심으로 확실한 지지대가 확인되면 약간의 손실을 감수하면서 과감히 매수해 볼 필요도 있다. 그러나 생각 이상 빠질 때는 반드시 손절을 해야 한다. 주식은 항상 수익을 거둘 수 없다. 어느 정도의 손실을 감내하면서 접근해야 진정한 큰 수익을 쟁취할 수 있다. 자만심은 버리되 자신감은 필요하다. 그리고 너무 소극적으로 시장에 임하다 보면, 시간만 낭비하는 경우가 많다.

## 》》 몰빵이 주는 달콤한 유혹에 빠지지 말라

몰빵(한 종목에 집중 투자)의 가장 큰 매력은 단기간에 높은 수익률을 올릴 수 있다는 가능성 때문이다. 하지만 반대로 생각하면 한순간에 큰 돈을 잃을 수도 있다는 점이다. 필자가 항상 강조한 말이다. "주식은 욕심내는 만큼 손실도 따라온다."라는 점을 꼭 명심하자.

## 》》 무릎에서 사서 어깨에서 팔아라

모든 투자자들이 주가가 바닥일 때 사길 원한다. 그러나 모두가 기다리는 조정은 쉽게 오지 않는다. 조금 더 내리면 매수해야지…. 그러나 기다리는 조정은 오지 않고 사고자 하는 종목은 10%, 20% 올라가 버린다.

재수 좋게 바닥에서 매수한 사람들은 주가를 가장 높은 천장에서 팔고 싶어 한다. 그러나 주가라는 것이 오르면 내리는 것은 필연이다. 그런데 대부분의 개인투자자들은 계속 올라갈 것처럼 보여서 팔지 못했다고 말한다. 결국 매도 타이밍을 놓쳐 수익을 볼 수 있었던 종목이 손실이 되는 경우가 왕왕 발생한다. 최소한 이 책을 읽는 분들은 주가가 완전히 바닥을 치고 돌아선 것을 확인한 다음에 종목을 매수하고, 크게 올라 천장 가까이 갔을 때나 천장을 치고 내리기 시작할 때는 과감하게 매도하자.

## 》막연한 예측은 빗나가는 화살과 같다

빗나간 화살은 돌이킬 수 없는 만큼, 섣부른 예측은 주식투자에서 금물이다. 주식을 하다 보면, 충동적으로 매수하고 매도하는 경우가 있다. 시장이 갑자기 급락한다는 공포감에 무조건 따라서 매도를 하는 경우가 많은데, 한 번 매도하면 재매수하기는 쉽지 않다. 따라서 충동적으로 매매하는 습관은 조심해야 한다.

## 》무엇이든 첫발이 중요하다

개인 투자자들이 시작부터 실패하는 이유를 보면, 주식 투자를 시작하기 전에 시간과 노력을 기울이지 않고 대충 어찌 되겠지 라는 생각으로 주식을 한다. 그러나 주식이라는 것이 그렇게 만만한 게임이 아니다. 주변에서 조금만 들여다보면 주식투자 실패로 개인적 고통은 물론 가정이 힘들어지는 경우를 접하게 된다. 그만큼 주식이라는 것이 달콤한 유혹 속에 고통과 고난이 존재한다는 것이다. 물론 자기 하기 나름이다. 주식이 누구에게는 삶의 윤택과 기쁨을 주는가 하면, 누구에게는 고통을 안겨 준다. 따라서 여러분은 전자의 투자자가 되시길 기원한다. 그러기 위해서는 하나의 종목을 매수하기 전에 반드시 '기업의 재무 상태, 실적, 수급, 그리고 업황 및 시황' 등을 충분히 조사하고 접근하자. 준비 안 된 상태에서 매수하는 것보다는 현금을 보유하는 것이 백배 현명한 투자이다.

이제부터라도 시간이 없다고, 귀찮다고 대충 사서 운에 맡기는 그런 매매는 하지 말자.

## 》》 보합 시세는 무너지는 쪽으로 붙어라

매수 매도가 힘의 균형을 보이는 보합은 언젠가 한쪽으로 강한 움직임을 보인다. 어느 쪽으로 방향을 잡고 갈지 미리 알 수는 없다. 따라서 보합 시세에서는 아주 적은 물량만 남기고, 주식을 팔아 현금을 보유한 후 보합이 깨질 때 하락을 하면 전량 매도, 상승을 하면 추매를 통해 수익을 극대화하는 전략이 유효하다.

## 》》 부피가 크다고 좋은 것은 아니다

개인 투자자들은 싼 주식을 많이 갖기를 원한다. 그리고 비싼 주식을 갖기 싫어한다. 왜냐하면 적은 돈으로 많은 양의 주식을 갖고 싶어 하기 때문이다. 그러나 주식의 수량이 많고 적은 것은 소용이 없다. 예를 들어 보겠다. 5만 원으로 1주를 매수하나, 500원짜리 주식 100주 매수하나 10% 수익은 똑같기 때문이다. 따라서 주식수가 중요한 것이 아니라, 수익 줄 종목을 매수하는 것이 더 중요하다는 점을 명심하자.

## 》》 사고, 팔고, 쉬어라. 쉬는 것도 투자다

자주 반복해서 빈번하게 매매하는 습관은 실패의 근본이다. 프로라도 약세장에서 큰돈 벌기는 어렵다. 따라서 대세의 큰 장에서 수익을 올렸으면 빠르게 다시 들어갈 것이 아니라 잠시 쉬어라. 매수해서 손실 종목을 보유하는 것보다는 현금이 더 유용하기 때문이다.

## 》》 사고 싶은 약세장, 팔고 싶은 강세장

시장이 하락세가 진행되고 있으면 보수적으로 대응하고 상승세로 접어들면 적극적으로 대응하는 것이 매매의 기본임에도 불구하고, 대다수의 투자자들이 이 부분을 간과한다. 수익 극대화를 위해서는 약세장이 진행될 때는 현금을 보유한 상태에서 낙폭과대에 의한 기술적 반등 시에만 짧게 매매를 하되 긴 호흡으로의 매수는 가급적 자제해야 한다. 반면에 강세장이 진행될 때는 주식 보유량을 늘리면서 추세가 꺾이는 징후가 드러나기 전까지는 수익 극대화에 집중해야 한다.

## 》》 사는 것보다 파는 것이 더 중요하다

주식투자는 수익이 나고 있을 때, 매도 시점이 중요하다. 불안해서 너무 일찍 팔아도 안되고 욕심 때문에 너무 끝까지 이익을 추구해서도 안된다. 손해를 볼 때는 적절히 마무리할 줄도 알아야 한다. 대부분의 투자자들은 매도 타이밍을 놓쳐서 실패를 한다. 주식하는 분이라면 매도의 중요성을 잘 알 것이다. 그리고 중요하다는 것을 잘 알면서, 실전에서 그렇게 안 된다는 것이 문제이다. 머리로는 잘 알고 있는데, 손이 말을 안 듣는다는 것이 문제이다.

## 》 사람이 가는 속에 길이 있고 꽃의 산이 있다

불특정 다수와 심리 게임을 하는 주식은 자기 생각이 가장 옳다고 느끼면 그대로 하는 것이 바람직함에도 불구하고 분위기에 휩쓸려 버리는 경우가 많다. 거래에 있어서는 타인으로부터 독립돼 자신만의 길을 걸어가야 할 때가 더 많다. 돈을 버는 것도 투자자 본인의 책임이고, 잃는 것도 투자자 본인의 몫이다. 주식이라는 것이 정답은 없다. 너무 우유부단해도 안 되지만, 너무 자만해도 안 된다.

## 》 상승은 불과 같고 하락은 물과 같다

주식 시장이 급락할 때는 추세하락의 연장이든, 돌발악재 출현이든 새로운 상승 모멘텀이 나타나기 전까지 지속적으로 하락세를 유지하게 된다. 불은 한번 붙으면 걷잡을 수 없는 것 같지만 결국 꺼진다. 그러나 물은 한번 쏟아진 후 흐름을 막지 못하면 바닥에 이를 때까지 계속 흘러내린다.

## 》 쉬는 것도 투자이고 현금도 종목이다

매일같이 매수와 매도에만 열중하다 보면 일시적인 주가에 정신이 쏠려 주식 시장 전반을 돌아보지 못하고 손실을 자초하는 경우가 왕왕 있다. 냉철한 투자 판단을 위해 때로는 쉬는 게 필요하다. 쉬는 기간을 이용해 재충전의 기회를 갖는 것도 성공적인 투자에 도움이 된다.

## >> 상황 변화에 순응하라

주식 시장을 생물(生物)이라고도 한다. 그래서 항상 변화하고 움직인다. 경기, 업황, 기업(종목) 그리고 테마 등 어느 것 하나 영원한 것은 없다. 10년 주기로 기업들도 역사에 사라지는 경우가 종종 있다. 그래서 주식 역시 항상 준비하고 대비하며, 시시각각 변화하는 시장에 능동적으로 대처해야 한다. 주식 시장에서 고집(아집)은 상대적인 박탈감과 손실만을 안겨다 줄 뿐이다. 시장 상황 변화를 주시하고 이에 따라갈 필요가 있다.

## >> 새 술은 새 부대에 담아라

주식투자에서 매일매일 수익만 나면 얼마나 좋을까? 성공만 계속한다면 더 이상 바랄 게 없겠지만, 실패 요인은 여기저기서 투자자를 노리고 있다. 한번 실패하면 투자심리가 위축되면서 시장 흐름에 둔해지고 조급해진다. 실패는 빨리 잊을수록 좋다. 그리고 새로운 기분으로 대응해야 한다. '새 술은 새 부대에'라고, 아픈 과거는 빨리 잊고 성공을 향해 새롭게 달려나가야 한다.

## 》 성공과 실패의 원인을 분석하고 그것을 토대로 행동을 개선하라

知彼知己百戰不殆 [지피지기백전불태] '적을 알고 나를 알면 백번 싸워도 위태롭지 않다'라고 했다. 시장을 이해하고 종목을 분석하는 자세를 갖는다면 절반은 성공한 것이다. 그러나 분석만 존재하고 그것을 개선하려는 행동과 노력이 없다면 성공투자를 할 수 없다. 다시 말해서 실패의 원인(행위)을 반복한다면, 당신은 투자가 아니라 투기를 하고 있는 것이다.

## 》 소문난 잔치에 먹을 게 없다

이런저런 이슈와 재료로 소문난 종목은 내가 참여(매수)하는 순간 주가는 잠깐 오르다 급락을 한다. 즉, 큰 시세를 주는 종목은 소문 없이 조용히 눈치채지 못하게 오를 때가 더 많다. 모든 투자자에게 재료와 이슈가 노출되면 그것은 더 이상의 상승 재료가 못 된다는 것이다. 소문난 잔치 보다 소문나지 않게 조용히 초대받았을 때 진수성찬이 차려져 있는 법이다. 물론 대박을 주는 종목이 나에게 오는 경우는 흔하지 않으며, 이런 케이스만 노리는 매매를 한다면, 지금 당장 주식을 접는 것이 정신 건강과 나의 소중한 자산을 지키는 길이다.

## ⟫ 손을 주머니 안에 꽂아 두고는 이길 수 없다

주식은 지나치게 소극적이어서는 안 된다. 가끔은 동물적 감각으로 매매를 해야 한다. 주식 투자를 결심한 상태에서 매입을 주저하다 주가가 너무 올라 기회를 살리지 못하는 경우가 있다. 또한 종목을 매수해 놓고 시장흐름을 따라가지 못해 수익률이 부진을 면치 못하기도 한다. 싸우기 위해서는 손을 빼고 공격이나 방어 자세를 잡아야 하듯 항상 준비하고 노력하는 투자만이 성공을 가져다준다. 결심이 서면 행동에 옮기고 그 이후에는 꾸준한 노력과 계좌 관리가 필요하다.

## ⟫ 손절매 잘하는 사람이 주식투자 9단

주식투자의 대가나 명인들은 수없이 많은 실패 경험을 한 사람들이다. 그럼에도 불구하고 그들이 주식투자의 대가로 살아남은 이유는 실패에 대한 대처 방법이 남들과 달랐기 때문이다. 즉, 잘못된 판단에 따른 투자라고 판단하면 그 실패를 수정하는 행동을 곧바로 취했다. 비자발적인 장기투자(손절을 못하고 무조건 보유하는 투자)는 새로운 투자를 할 기회비용을 상실하게 된다. 따라서 주식투자에서 중요한 것은 사실상 수익의 극대화보다는 손실의 최소화라고 볼 수 있다.

## 》》손해 보고 있는 종목부터 팔아라

참으로 실행하기 어려운 격언이다. 초보 투자자들은 이익 나는 종목은 얼른 매도하고 손해난 종목만 꼭 쥐고 있는 경우가 대부분이다. 결국 계좌에는 손해난 종목만 남게 된다. 이 책을 읽는 분들은 이제 이렇게 하자!

1. 손실 중인 종목이 하락 추세가 이어지는 종목은 일단 매도 및 비중 축소를 한다.
2. 비중 축소 및 손절을 한 종목은, 바닥이 확인되기 전에는 추매 및 재매수를 자제하자.
3. 수익 중인 종목은 상승 추세가 깨지지 않는 이상, 보유하면서 수익 극대화를 하자.

## 》》손해 본 후에는 쉬는 것이 상책이다

주식투자에서 영원한 승자는 없다. 누구든지 언제나 손해를 볼 수 있다. 실수(손실)를 줄이는 것이 성공 투자의 비결이긴 하지만 손해를 본 후 이를 어떻게 대처하느냐? 역시 매우 중요하다. 일반적으로 본전 회복에 대한 욕심으로 서두르게 된다. 그러나 그럴수록 어긋나기 쉬운 투자 판단을 바로잡는 시간이 필요하다. 이런 의미에서 쉬기란 그저 '쉼'이 아니라 다음 투자의 준비 기간이라고 생각하자.

## 》》 승부를 위해 여유 있게 즐기라

승부를 위해 목숨을 거는 것보다는 승부를 즐길 때 의외의 좋은 성적을 얻을 수 있다. 폭락 장에서 모든 참여자들이 손절과 투매로 일관할 때, 오히려 역발상으로 공격적 매수를 할 때 큰 수익을 얻는 경우가 많다. 초급등 하는 종목에서 달랑 몇 %의 수익을 얻기 위해 추격하여 매수하는 것을 피하자. 몇 분 내에 몇 % 수익을 얻으려고 추격 매수했다가 순식간에 더 큰 손실을 당하는 경우가 매우 많기 때문이다. 주식은 항상 여유를 가지고 즐기는 자세로 매매하는 것이 더 중요하다.

## 》》 시세는 시세에 물어라

주식시세는 예정되어 있는 것이 아니다. 주가를 결정하는 요인이 너무나 많고 복잡하기 때문에 누구도 주가를 섣불리 예측할 수 없는 것이다. 아무리 뛰어난 분석력과 정보체계를 갖춘 전문가라 하더라도 상상도 못 했던 요인(글로벌 정치·경제, 국제 유가, 국내 정치, 경제, 사회 문화 및 생활 등)에 의해 주가가 결정될 때는 속수무책일 수밖에 없다. 그러나 주식 시장에서 주가가 결정되고 있을 때는 주가를 결정하는 각종 요인이 가장 현실적이고 정확하게 반영되고 있는 것이다. 그러므로 시세에 관한 한, 시세가 가는 길이 진리다.

## 》 시세는 주가보다 거래량과 기간이 중요하다

주식투자에 처음 입문하거나 초보 투자자는 주가의 움직임만 보고 매매를 결정한다. 그러나 투자 경험이 많은 사람들은 거래량의 변화도 중요시한다. 거래량은 확실히 시세의 추진 에너지이며, 주가의 선행지표이기 때문에 주가 예측의 가장 중요한 근거로 삼아야 한다. 그러나 주식투자는 거래량 이외에도 시세의 진행 기간을 반드시 고려하지 않으면 안 된다. 시세는 마치 살아있는 생물처럼 하나의 라이프사이클에 따라 진행된다. 시장(市勢)의 태동기 〉 발전기 〉 도약기 〉 활황기 〉 쇠퇴기 〉 바닥기 〉 결국 기나긴 침체 기간에 들어서면 다시 태동기, 그리고 순환하는 것이다.

## 》 시세의 실천에 있어서 가장 중요한 것은 단(斷)이다

주식매매를 할 때 결단(決斷)을 내리기란 쉬운 일이 아니다. 사람들이 결단을 빨리 내리지 못하는 이유는 손해를 보게 될지도 모른다는 불안과 공포 때문이다. 불안과 공포가 몰려올 때는 손해를 각오하면 된다. 그러나 손해를 볼 결심하기가 쉽지 않다. 그러나 가끔은 그런 마음이 좋은 결과를 가져올 때도 있다.

## 》》 실패에 교훈이 담겨있다

세계 최고의 주식 명인(名人)들도 적중률이 60% 미만이라고 한다. 그러나 명인들이 강조하는 것은 "주식투자만큼 실패로부터 많은 것을 배울 수 있는 세계는 없다."라고 말한다. 주식 실패는 세계 최고의 명인들도 피해 갈 수 없는 것이다. 그런데도 그들은 왜 억만장자가 되었을까? 그 이유는 바로 실패했을 때 포기하거나 좌절하지 않고 그 실패에서 교훈을 찾았기 때문이다. 치명적인 실패를 했더라도 좌절하지 말라. 교훈을 찾아 노력하면 당신도 명인(名人) 반열에 오르게 된다.

## 》》 시세는 연날리기와 같다

연은 자연에서 바람이 있어야 날고, 바람이 없으면 땅에 떨어진다. 마찬가지로 주식시세도 주식 시장으로 들어오는 자금이 있어야 상승하면서 오른다. 바람이 세게 불면 연은 높이 나르고, 약하게 불면 낮게 날거나 떨어진다. 주식시세도 증시로 들어오는 자금의 양이 많으면 많을수록 높이 오르고 증시 자금이 거꾸로 증시 외부로 빠져나가기 시작하면 주가는 떨어질 수밖에 없다. 주식시세는 어떠한 재료보다도 수급상황이 가장 기본적이면서 중요한 요인인 것이다. 수요가 공급보다 우세한 시장에서는 어떠한 악재가 나와도 주가는 상승하지만, 공급이 수요를 초과하는 주식시세는 어떠한 이유로도 상승하기가 어려운 것이다.

## 》 악재가 반영되지 않으면 팔지 마라

시장에 악재가 돌출했을 때 이 악재가 크든 작든 간에 시장에 하락으로 반영되지 않을 때는 비록 적극적으로 매수하지는 않더라도 성급히 팔아서는 안 된다. 시장 기조가 상당히 강하다는 징조로 향후 시장이 조정을 보인다고 하더라도 큰 폭의 하락보다는 단기 저항대에서의 매물 부담을 소화하는 과정이 될 가능성이 높기 때문이다.

## 》 엎질러진 우유를 보고 울지 말고 다른 젖소를 찾아라

특정 종목을 매수해서 팔고 난 후에, 동 종목으로 손실을 보았다면 낙심하기보다는 빨리 시장에 적합한 종목으로 전환해 매매하라는 것이다. 즉, 우유가 엎질러졌다고 가만히 있지 말고, 또 다른 젖소를 찾아 신선한 우유를 맛보라는 것이다.

## 》 여유자금으로 투자하라

생활에 있어서 목숨이 걸린 돈이나 가정에 꼭 필요한 자금으로 주식 투자를 해서는 안 된다. 주식 시장의 시세가 좋다고 해서 생활비나 용도가 정해진 자금들을 동원해서 투자했다가 주가가 크게 하락하면 큰 손해를 보고 팔거나, 오랜 시간 자금을 묶어 두어야 하기 때문이다.

## 》 예측은 사용할 줄 아는 사람만의 좋은 무기이다

주식 시장은 기대감과 변동성을 먹고 자란다. 증시에 대한 예측 결과에 따라 높은 수익을 내기도 하고, 반면에 큰 손실을 보기도 한다. 본인이 능력이 안 된다면, 섣부른 예측보다는 확인 후 매매하는 것이 유리할 수 있다. 시장에 범람하는 수많은 정보에 따라 효과적이고 유연하게 매매를 하라는 것이다. 그러나 선무당이 사람 잡듯 쓸데없는 상상이나 근거 없는 예측은 절대 금물이다. 주식 시장은 냉정하고 냉혹하다. 불특정 다수가 시장과 종목을 놓고 게임 하는 시장인 만큼 예측하면서 대응하는 것은 매우 어렵다. 따라서 예측은 하되 매매는 객관적이고 예리한 판단에 근거해서 해야 한다.

## 》 오기는 궁핍과 파멸의 신

월가에서도 고집(固執) 매매는 파멸의 근본이라는 격언이 있다. 시장과 거스르는 오기(傲氣)는 큰 손실로 이어질 수 있음을 경계하는 말이다. 자신만의 소신과 확신이 오기(고집)로 이어지지 않도록 시장을 살피고 객관성을 유지해야 한다.

## ≫ 종목을 너무 분산하지 마라

주식 시장이 상승 장일 때는 업종(종목)별 파동에 따라 다른 성향의 종목들로 포트폴리오를 분산할 필요가 있다. 이는 시장이 조정을 보일 때에도 리스크를 피하는 수단이 될 수 있기 때문이다. 그러나 특정 테마나 재료 보유 개별주 중심으로 매기가 집중될 때는 큰 흐름보다는 종목별 대응이 효과적이다. 즉, 방향성이 부각되지 않는 장세에서는 포트폴리오를 통한 종목 분산이 아니라 현금 비중을 높인 상태에서 장중 부각되는 종목 군 위주로 짧게 대응하는 것이 유리하다.

## ≫ 주가는 재료보다 선행한다

주식투자자들이 종목을 매수한다는 것은 미래에 대한 기대(수익)를 보고 접근한다. 투자의 기준은 미래에 있으며 미래의 예상되는 재료(성장성)에 따라서 현재의 주가가 결정되므로 주가는 언제나 재료보다 선행한다. 경기가 회복 기미만 보여도 주가는 이미 상승세로 바뀌고 재료가 실현되기 전에 주가는 이미 다 올라버린다. 다시 말해서 주가는 기대감(꿈)을 먹고 자란다. 따라서 너무 소극적이고 부정적인 생각으로 시장과 종목을 대하면, 최고점에 시장에 진입하는 우(愚)를 범할 수 있기 때문이다.

## 》 힘과 겨루지 말고 힘을 이용하라

주식 시장이 상승 장이든 하락 장이든 방향성이 결정될 때는 이에 맞서지 말고 이 흐름을 효과적으로 이용하라는 의미다. 주식 시장은 한번 상승세로 방향을 잡아 불붙기 시작하면 논리적으로 설명하기 어려울 정도의 수준으로 상승 추세를 보인다. 또한 정부 정책에 반하는 매매는 시장 수익과 반대의 결과를 줄 수 있다는 점도 알아야 한다.

## 》 주식은 비관(悲觀)에서 태어나 낙관(樂觀)에서 성숙한다

고진감래(苦盡甘來)나 새옹지마(塞翁之馬)와 같은 의미로 보면 된다. 지수가 하락하면서 종목들이 조정을 보일 때 새롭게 매수할 좋은 종목(가치주, 성장주 등)에 대한 분할 매수는 언제나 유효하며 투자심리가 위축돼 있더라도 중장기 전망이 어둡지 않다면 불안감과 공포심은 큰 시세의 원동력이 될 수 있다.

## 》 주식이 잘 될 때 너무 자만하지 마라

주식에서 한번 승리(큰 수익)로 자신(자만)해서는 안 된다. 초기 투자자(초심자)의 대성공(큰 수익)은 가장 큰 함정이 될 수 있다는 점을 명심해야 한다.

## 》 주식을 사기보다는 때를 사라

주식투자의 가장 큰 목적은 투자해서 수익(차익)을 얻는 것이다. 최대의 투자 차익을 남기기 위해서는 사는 시점(매수)과 파는 시점(매도)의 선택이 가장 중요하다. 사야 할 때를 잘못 잡아서 매수하고 난 이후 주가가 하락해서 손실 난 종목을 보유하고 있는 것보다는 현금을 보유하는 것이 더 합리적이고 효율적이라는 점 꼭 인지하자.

## 》 주식투자는 절대적 유연성이 필요하다

주식투자는 자기 나름의 원칙과 소신으로 해야 하지만, 너무 자기 생각에만 집착해서도 안 된다. 지나치게 고집이 세고 융통성이 부족한 성격의 사람은 주식투자를 하기 전에 한 번 더 생각해야 한다. 상황이 불리하고 자기 판단이 잘못되었다고 생각하면, 하루아침에 시세관을 180도 바꾸는 유연성이, 주식투자에는 절대적으로 요구된다.

## 》 차트는 시세의 길잡이다

차트를 보지 않고 매매하는 것은 맹인이 지팡이를 잡지 않고 길을 걷는 것과 같다. 차트를 노련하게 해석할 수 있으면 70~80% 이상 주식 성공이 보장된다. 따라서 주식은 많은 지식과 경험이 필요한 게임이다.

## 》》천둥이 잦아지면 소나기가 온다

주식투자는 값이 싸다고 무작정 매수하는 것이 아니다. 오를 때 사서 수익을 내는 것이 최종 목적이다. 따라서 큰 변화를 목전에 두면 지속적으로 여러 징후들이 나오기 마련이다. 막연한 저가매수는 낭패를 본다. 기회가 코앞에 올 때까지 기다려야 한다.

시장 변화 요인을 살펴보면,

1. 환율 및 유가 급 변동

2. 시장 및 기업에 대한 긍정적 시그널이 넘쳐날 때

3. 반대로, 시장 및 기업에 대한 부정적 시그널이 넘쳐날 때

4. 글로벌 지정학적 리스크 존재 시(브렉시트, 미 중간 무역 분쟁, 금리인상 등)

5. 정치·경제적으로 노이즈 발생 등등

# 03 주식 대가들의 투자 철학 속 종목 찾기

    2018년 들어서면서 미 연준의 반복된 금리인상과 트럼프의 미국 우선주의에 입각한 보호무역 강화, 그리고 북미간 협상 결렬과 기대감 등으로 이후 주식 시장을 보면 어지럼증이 생길 정도로 변동성을 보이면서 출렁거렸다. 엎친데 덮치다는 말이 있듯이 2019년 7월 들어서 일본 아베 정부가 트럼프 보복(무역제재) 방식을 그대로 모방하여 한일간 정치 문제를 경제 보복으로 단행했다. 이로인해 양국간 극한 대립이 시작되면서, 기업의 생태계 변화를 가져 오게 한 계기가 되었다. 그에 따른 주식 시장의 변동성은 불가피 하게 되었다. 이런 주식 시장에서 지혜롭게 살아남고, 손실을 최소화하면서 보수적으로 대응하는 투자자만이 오랫동안 성공투자를 할 수 있다. 분명 과거에 있었던 대 폭락장을 보더라도 엄청난 공포와 긴 시간 동안 하락장을 보여 준 적이 많다. 앞서 살펴보았듯이 1929년대 폭락장, 1987년 Black Monday, 1997 IMF, 그리고 2006~2008년 미국의 금융위기, 2018년 들어서 나타나는 변동성 등

수없이 상승과 하락을 반복하는 것이 주식 시장이다.

주식 시장에서 명인이라고 칭송받는 그들은 도대체 어떻게 해서 힘든 시기를 이겨내고 억만장자의 대열에 올라섰을까?

궁금하지 않을 수 없다.

한판의 주식 승부는 곧 인생사라는 말이 있다. 탐욕과 공포, 미련과 집착, 불안과 흥분, 절망과 환희 등이 어우러진 한 편의 처절하고도 치열한 심리 드라마라는 표현이 맞을 것이다. 불특정 다수와 심리 게임을 하는 투자자들, 그 가운데에서 주식 명인들은 인간의 본성을 극복해 낸 사람들이다. 그들은 욕심을 버리고, 공포를 극복하고, 미련을 버리고, 불안과 초조를 이겨내고, 흥분하지 않고, 그리고 고정관념을 버렸다. 그리고 "성공 투자를 할 수 있었다."라고 말한다. 주식이라는 드라마에서 주인공으로 우뚝 서기 위해서는 피나는 노력과 많은 것을 버려야 한다. 남들과 똑같이 해서는 절대로 주식 시장에서 성공할 수 없다.

아래에서는 주식 명인들이 강조한 주옥같은 글들을 살펴보겠다.

## 1. 피터 린치(Peter Lynch, 1944년~, 미국 태생의 월 스트리트 주식 전문가)

주식 투자를 하면서 13년 동안 마이너스 수익률을 내지 않은 펀드가 있을까? 또 같은 기간 2,700%의 천문학적인 수익을 내주는 펀드가 과연 있을까? 13년 동안 블랙먼데이(Black Monday)를 포함해 수많은 급변동 장세를 겪으면서도 믿기지 않는 수익률을 실현한 인물이 다름 아닌 피터 린치다. '월가의 영웅'이라 불릴만한 '피터 린치'는 엄청난 폭락장과 최대 호황 사이클을 모두 경험하며 전설적인 실적을 올린 '마젤란 펀드'로 유명하며, 그가 강조하는 것은 '보잘것 없어 보이는 상식의 힘'을 무시하지 말라고 주문한다.

피터 린치가 강조해서 한 말은 "한 가지 명백한 사실은 주식투자로 수익을 내기 위해서 증시를 예측할 필요가 없다."라는 것이다. 만약 그런 능력이 필요했다면 나는 투자가로서 성공하지 못하였을 것이다. 라고 했다.

가장 좋은 주식은 이미 보유하고 있는 주식이다. 분명 종목을 매수할 때는 많은 분석과 노력을 통해 매수했을 것이다. 그렇다면 보유 종목에 집중하자. 간혹 남의 떡이 커 보이고 맛있어 보이지만 본인의 보유 종목에 집중하는 지혜도 필요하다. 이는 필자도 공감하는 부분이다. 시장이 상승하고 관심 종목이 상승하는데, 본인이 보유한 종목은 오히려 하락하거나 횡보하면 매도하고 싶은 충동을 느낀다. 그러나 본인이 매수할 때 분석한 재료와 근거가 훼손되지 않았다면 보유하는 것이 맞다. 왜냐하면 대부분 이런 상황에서 충동적으로 본인 보유 종목을 매도하고 새로 매수하면, 매수한 종목은 오르는 척하다 하락하고, 오히려 매도한 종목이 강한 상승을 하는 경우가 더 많기 때문이다.

새로운 정보를 계속 분석하기 어려울 만큼 많은 종목을 보유하지 마라. 개인투자자들은 투자금에 따라 다를 수 있지만, 5~10개 정도의 종목을 보유하는 것이 가장 이상적인 포트폴리오이다.

기업이 성장하고 과거 매출이 늘어난 이유가 무엇인지 분석했다면, 현재의 성장세가 미래에도 계속될 수 있는지 판단하는 데 큰 도움이 된다.

추천할 종목을 설명하는데 3분 이내에 설명할 수 있도록 준비해야 한다. 즉, 상대방에게 짧은 시간 안에 논리적으로 설명할 수 있어야 한다. 나는 종목을 매수한 이유를 끊임없이 찾으면서 나 자신을 방어하기보다는 지금 보유하고 있는 종목보다 더 좋은 주식을 찾는 노력에 집중하였다. 즉, 보유 종목이 하락했을 때 계속 보유해야 할 이유를 억지로 찾아서 합리화하기보다는 더 좋은 종목을 찾아서 손실을 만회하는 노력을 해야 한다는 것이다.

일반적으로 보험회사는 실적 개선의 기미가 나타나기 몇 달 전에 보험료를 인상한다. 처음 보험료를 올리기 시작할 때 보험관련주를 사면 주가가 오르는 경우가 많다. 주식 시장에서 매일 수익을 얻어야 한다고 생각한다면, 주식을 안 하는 것이 정신 건강에 도움이 된다. 주식투자로 돈을 벌려면 적게 잃는 방법도 배워야 하고, 주가 하락에 대한 두려움 때문에 주식 시장에서 서둘러 빠져나오는 일이 없어야 한다. 종목에 대해 연구하지 않고 주식투자를 하는 것은 패를 보지 않고 포커를 치는 것과 같다.

가능한 한 많은 돈을 주식형 펀드에 투자하라. 금융소득이 필요한 경우라도 장기적으로 보면 배당주를 보유하고 모자라는 소득은 가끔씩 주식을 팔아 충당하는 것이 채권에 투자해 이자를 받는 것보다 훨씬 더 효율적인 투자이다.

# 대한민국 대표 고배당주 기업들

**SK텔레콤:** 동사의 사업 부문은 이동전화, 무선데이터, 정보통신사업 등의 무선통신사업과 전화, 초고속인터넷, 데이터 및 통신망 임대서비스 등을 포함한 유선통신사업, 플랫폼 서비스, 인터넷포털 서비스 등의 기타 사업으로 구별된다. 2018년 초부터는 국내에서 유일하게 1Gbps 속도의 LTE 서비스 제공을 시작하였으며, 2018년 2분기 시장점유율은 초고속인터넷 부문에서 26.0%, 시내전화 부문에서 16.8%, IPTV 부문에서 30.5%를 점유하고 있다.

| 구　　분 | 2015년 | 2016년 | 2017년 |
|---|---|---|---|
| 배당 수익률(%) | 4.64 | 4.46 | 3.75 |

SK텔레콤

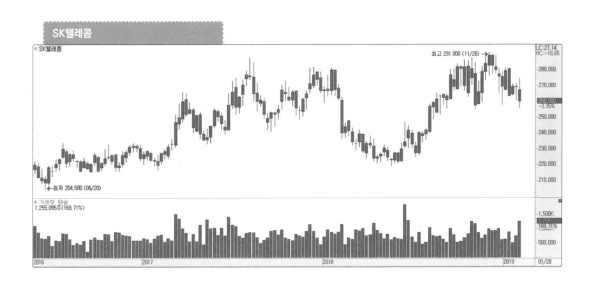

S-OIL: 동사는 1976년 1월 6일 설립되었으며, 1987년 5월 8일 상장하였다. 주요 사업은 석유제품, 가스, 윤활기유, 윤활유, 그리스, 화학제품 및 관련 제품의 제조, 수송, 저장 및 판매업을 영위한다. 동사는 대주주 AOC의 모회사인 사우디아라비아 국영 석유회사(Saudi Aramco)의 안정적인 장기 원유 공급 보장 여건하에 수익성 위주의 경영전략을 추구하고 있다.

| 구　　분 | 2015년 | 2016년 | 2017년 |
|---|---|---|---|
| 배당 수익률(%) | 3.02 | 7.32 | 5.04 |

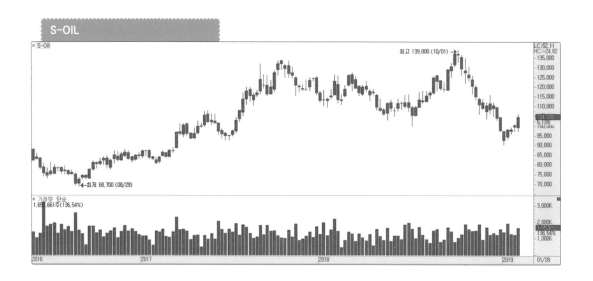

유아이엘: 1982년 7월 설립되어 휴대폰 및 전자제품 부품을 전문 개발, 생산하는 기업이다. 주요 생산 제품군으로는 제품의 특성에 따라 키-버튼, 금속부품, 부자재 및 액세서리 등이 있다. 삼성전자와 LG전자를 주요 매출사로 휴대폰용 키패드를 공급하고 있으며, 2010년 베트남 공장을 설립하여 공급을 확대하고 있다.

| 구    분 | 2015년 | 2016년 | 2017년 |
|---|---|---|---|
| 배당 수익률(%) | 5.04 | 6.73 | 7.68 |

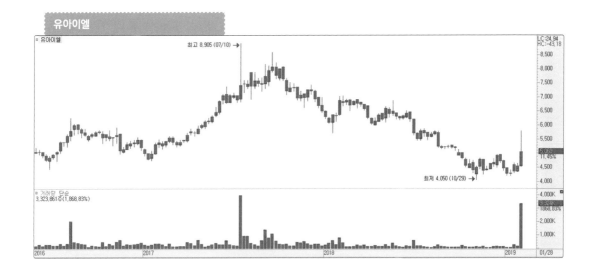

아주캐피탈: 1994년 설립된 동사는 자동차금융, 개인금융, 기업금융 등 다양한 여신업무를 취급하고 있으며, 주요 종속회사인 아주저축은행은 일반대출 중심의 저축은행업무를 취급한다. 주요 매출원은 할부금융 부문(신차할부, 중고차 할부 등), 리스금융 부문(금융리스, 운용리스 등), 일반대출, 기업금융, 예금/적금 수입 등이 있다. 매출은 이자수익 57.31%, 리스관련수익 34.35%, 유가증권평가 및 처분이익 4.63% 등으로 구성하고 있다.

| 구  분 | 2015년 | 2016년 | 2017년 |
|---|---|---|---|
| 배당 수익률(%) | 6.22 | 5.02 | 23.72 |

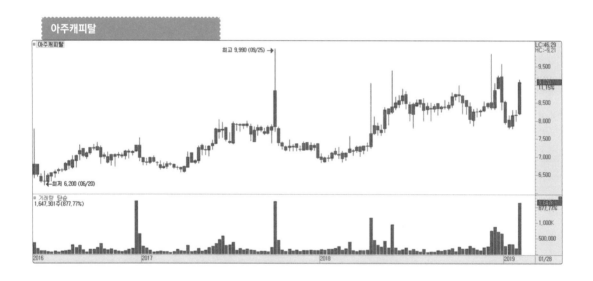

## 2. 워런 버핏(Warren Edward Buffett, 1930~, 미국의 기업인이 자 투자자)

'워런 버핏'

함께 점심 한 번 하는데 천문학적 돈을 지불해야 하는 것으로 유명한 사람이다. 주식 투자에 관심이 있다면 한 번쯤 들어봤을 이름이기도 하다.

1930년 미국에서 태어난 워런 버핏은, 콜롬비아 대학 경영대학원에서 경제학 석사학위를 받았으며, 과학적 주식투자 방법을 세계 금융계에 소개한 벤저민 그레이엄(Benjamin Graham, 1894~1976) 밑에서 일하기도 했다.

1956년 100달러로 주식투자를 시작해서, 전설적인 투자 귀재로 평가 받고 있으며, 1961년 Dempster Mill Manufacturing Co. 회장이 되었으며, 1965년 버크셔 해서웨이(Berkshire Hathaway Inc.)를 인수했는데, 1967년 소형 보험회사 2개를 매입하면서 투자 지주회사로 변모하게 된다.

워런 버핏은 가치 있는 주식을 발굴해 투자하고 이를 오랫동안 보유하는 것으로 유명하다. 그는 1990년대 미국에서 신경제와 인터넷 기술주의 주가가 급등할 때 1980년대의 일본처럼 미국 주식이 버블로 인해 터져 버릴 것이라는 버블론을 강하게 주장하였다. 이후 인터넷 주와 신경제에 대한 거품론이 확산되고 나스닥 시장이 하락하자, 많은 인터넷 주의 급격한 성장세에도 불구하고 철저하게 기업이 내재하고 있는 가치만을 따져 투자 종목을 선정했던 워런 버핏의 평범한 투자전략이 다시 인정받게 되었다.

### 워런 버핏의 10가지 투자 이야기

- 부자가 되고 싶은가? 그렇다면 남들이 공포에 질렸을 때 욕심을 내고, 남들이 욕심을 낼 때 조심하라.

- 투자 1원칙 '절대 돈을 잃지 마라', 투자 2원칙 '절대 1원칙을 잊지 마라'.

- 사업을 이해하지 못하면, 그 회사 주식을 사지 마라.

- 가격은 당신이 내는 것이고, 가치는 당신이 얻는 것이다. 주식이 아닌 회사를 사라.

- 주식을 사기 전에 한 줄로 이유를 답하라.

- 주가가 반 토막 났다고 겁에 질려 마구 팔아 치울 주식이라면 결코 투자해서는 안 된다.

- 진짜 능력은 얼마나 많이 아느냐가 아니다. 자신이 아는 것과 모르는 것이 뭔지 아는 것이다.

- 무리한 빚을 내서 투자하지 마라. 마치 단검을 핸들에 꽂은 채 운전하는 것과 같다.

- 나는 다른 어떤 것보다 술과 빚 때문에 실패한 사람을 많이 봤다.

- 가치투자자가 돼라.


아주 오랜 세월 증명된 효과적인 투자법이다.

다음은 우리 증시에서 기업의 미래 가치를 보고 투자했다면 크게 수익을 보았을 종목이다.

한전KPS: 동사는 1984년 4월에 한국전력이 전액 출자하여 설립되었으며, 전력설비 정비와 관련되는 기술개발 및 신재생에너지 사업 등을 영위하고 있다. 자동차, 전기 등 다양한 산업분야에 사용되는 엔지니어링 플라스틱을 생산하며, TFT-LCD 산업의 일부분인 도광판, 확산시트를 광원으로 하는 도광판, 광고용 시트를 생산 및 판매한다. 현재의 주가 자리는 아주 매력적으로 저평가 구간이다.

**월봉차트**

셀트리온: 단백질 의약품 연구/개발/제조 목적으로 1991년 설립된 동사는 생명공학기술 및 동물세포 대량 배양기술을 기반으로 항암제 등 각종 의약품을 생산한다. 아시아 최대인 140,000L 규모의 동물세포배양 단백질의약품 생산 설비를 보유하고 있으며, 향후 개발 일정과 수요 등을 고려하여 3공장 신설 예정. 세계 최초 개발한 자가면역질환 치료용 바이오시밀러 '램시마'는 국내 단일 의약품 가운데 최초로 글로벌 시장에서 연간 처방액 1조 원을 돌파한 기업이다.

**월봉차트**

# 3. 존 메이너드 케인스(John Maynard Keynes, 1883~1946, 영국 경제학의 대표자)

케인스는 경제학자로서뿐만 아니라 정치 문화 등 다양한 분야에서 활약한 인물이다. 재무상 고문, 국민상호보험회사 사장, 투자회사의 경영자, 맥밀란 위원회 위원(1913), 왕립 인도 통화위원회 위원, 브레턴우즈 협정 영국 대표(1944), 국제 통화 기금(IMF)과 국제부흥개발은행(IBRD) 총재, 20세기 문예 운동의 하나인 블룸즈버리그룹 회원, 국립 미술관 이사(理事) 등을 지내며 문예 진흥을 위하여 많은 힘을 쏟기도 했다. 그뿐만 아니라 정치권에서 오랜 시간 동안 활발한 활동을 하였으며, 철학·고전 및 수학에도 조예가 깊었다.

## 케인스의 투자 원칙

- 시간의 흐름을 즐겨라! 시장의 변덕보다 강력한 것은 복리 효과다.
- 집중적으로 투자하라! 포트폴리오 다변화는 기업 분석을 할 줄 모르는 사람에게 필요한 전략이다.
- 절제와 균형을 유지하라! 시장의 움직임에 예민할 필요가 없다.
- 잃지 않는 게임을 하라! 주가와 진정한 가치 사이에 최대한 완충지대를 확보하라.

저평가 미인주를 찾아라! 주가란 내재가치 대비 적절한 평가를 받는지 확인하는 수단이다. 우리 증시에서 저평가 미인주로 강한 상승을 준 종목을 보면 다음과 같다.

비에이치: 동사는 첨단 IT산업의 핵심부품인 FPCB와 그 응용부품을 전문적으로 제조, 공급하는 회사이다. 전문 FPCB 벤처 기업으로, FPCB 제품의 주요 목표시장은 스마트폰, OLED, LCD모듈, 카메라모듈, 가전용TV, 전장부품 등을 생산하는 세트 메이커이다. 고객의 대부분은 삼성전자, LG전자, 삼성디스플레이, 애플 등 국내외 대형 IT제조 업체들이다.

**주봉차트**

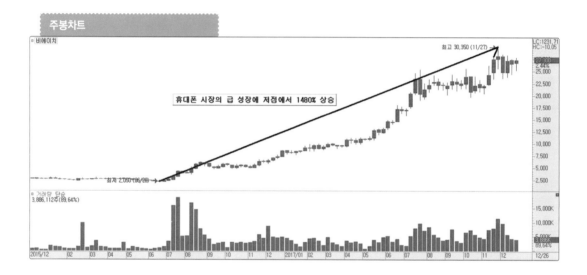

휴대폰 시장의 급 성장에 저점에서 1480% 상승

한샘: 동사는 1973년 설립, 부엌 가구 제조 유통 및 인테리어 가구 등 유통업을 영위한다. 부엌 가구와 종합 가구-인테리어 분야에서도 1위 기업으로서 업계를 선도하고 있으며, 수도권 및 지방 상권 공략을 위해 타깃별로 전문화된 대리점 형태의 유통점을 100여 개 보유하고 있다. 매출 구성은 부엌 가구 부문 40.6%, 인테리어 가구 부문 30.2%, 기타 29.2% 구성하고 있다.

**월봉차트**

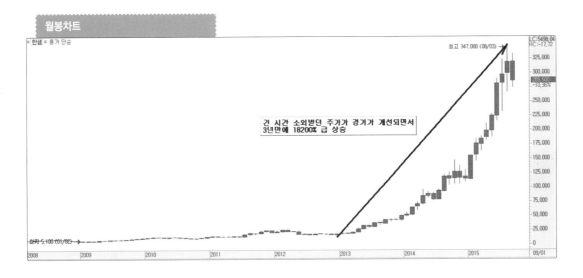

바람 부는 쪽으로 몸을 숙여라! 유행과 무관하게 상승 잠재력이 있는 큰 주식에 투자하라. 시장 업황을 고려해서 종목을 선정해야 한다. 지금 시장은 전기차가 대세이며, 앞으로도 상승 추세는 이어질 것으로 예상된다. 이와 관련해서 종목을 보면 다음과 같다.

포스코켐텍: 동사는 내화물의 시공 및 보수, 각종 공업로의 설계, 제작 및 판매, 석회제품 등의 제조 및 판매 등을 목적으로 1971년 설립되었다. 1994년에 염기성 내화물의 제조와 판매 등의 사업을 주목적으로 설립된 삼화화성을 흡수 합병하였으며, 기업집단 포스코 그룹의 계열사로 기업집단에 소속된 회사는 총 46개이다.

에코프로: 동사는 1998년 10월 설립되어, 주로 대기오염 방지 및 사후 처리 부문인 환경사업과 2차 전지 산업을 영위하고 있다. 사업 부문은 환경사업의 환경소재 및 응용제품 사업과 2차 전지사업의 리튬이차전지 부문에 집중되어 있다. 세계 리튬 이차전지용 양극소재 출하량은 전기차와 에너지 저장장치, 전동공구 등 중대형 전지의 성장세에 힘입어 2020년 연간 출하량은 약 900,000톤으로 증가할 전망이다.

**월봉차트**

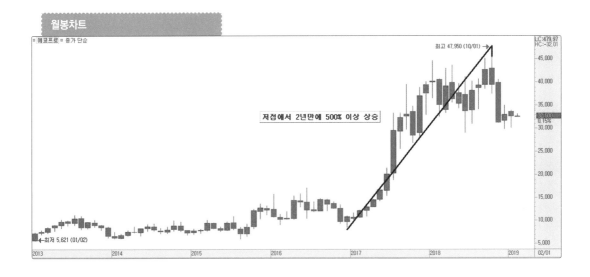

## 4. 제레미 시걸(Jeremy Siegel, 1945~ )

미국 와튼스쿨 교수이자 세계적인 주식 투자전략가인 제레미 시걸은 1994년 『주식투자 바이블』이란 책을 통해 '장기간에 걸친 주식수익률은 고정수입자산의 수익률을 크게 앞선다'는 사실을 각종 사례를 통해 밝혀낸 인물이다. 2004년에는 『성장의 미래』라는 책에서 성장주를 피하고 제약과 필수소비재를 만드는 주식을 사라고 제시한 바 있다. 즉, 인기주나 주도주와 관계없이 사람의 생활과 뗄 수 없는 석유 천연자원 제약 필수소비재 등과 같은 주식들에 장기적인 투자를 하는 것이 보다 큰 수익을 가져다 준다고 주장하고 있다.

"황금기업을 찾아라."

A 기업은 향후 10년 동안 15퍼센트의 순이익 성장률을 보일 것이고, B 기업은 1퍼센트의 성장률을 보일 것이다. 당신은 어느 기업을 살 것인가? 앞으로 10년간 15퍼센트의 성장률을 기록한다면 대단한 수치이기에 대부분의 투자자는 A 기업을 택할 것이다. 그러나 제레미 시걸은 B 기업을 택해야 한다고 말한다. 그 이유는? 고성장이 기대되는 A 기업의 주가는 너무 높아 미래 수익률이 낮아질 수 있으며, 반면에 저성장이 예상되는 B 기업의 주가는 충분히 낮아서 적당히 성장해도 좋은 수익률을 창출할 수 있기 때문이라고 한다.

"장기간에 걸친 주식수익률은 고정수입자산의 수익률을 크게 앞설뿐만 아니라 인플레이션을 고려할 경우, 투자 리스크를 줄여준다."는 사실을 각종 자료와 사례를 통해 밝혀낸 주식투자 전략가이다. 그의 핵심 내용은 성장주를 피하고 제약과 필수소비재를 만드는 주식을 사라는 것이다. 성장주는 기대심리가 커서 가격이 너무 비싸고, 더 이상 성장할 수 없는 회사는 투자자들이 모두 알고 있어 헐값에 나돌며, 이 중 뛰어난 배당수익률을 기록하는 회사를 구매하라는 것이다.

## 과거의 황금 기업

신라젠: 2006년 설립된 동사는 유전자 재조합 항암 바이러스에 기반한 면역 항암치료제의 연구 및 개발 등을 주요 사업으로 영위하고 있다. 2015년 미국 FDA로부터 동사의 선도물질인 펙사벡에 대하여 글로벌 임상 3상 시험의 허가를 받았으며, 글로벌 임상 3상 시험을 진행 중이다. 추가 파이프라인으로서 펙사벡과 면역관문억제제의 병용치료법 개발 및 적응증 확대, 차세대 항암 바이러스의 개발도 진행하면서 급등하였으나, 2019년 8월 들어서 임상 실패 및 여러 악재로 최악의 종목으로 변질 되었다.

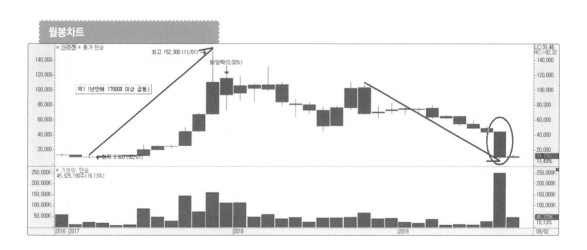

신세계: 동사는 1955년 동화백화점으로 설립, 1985년 유가증권시장에 상장하였다. 현재 백화점 매장 13개를 운영하고 있으며, 주요 종속회사들은 백화점 사업, 의류제조, 판매, 수출입 사업, 면세점 사업, 부동산 및 여객터미널 사업, 관광호텔 사업 등을 영위하고 있다. 신세계센트럴시티, 신세계동대구복합환승센터, 신세계인터내셔날, 까사미아, 서울고속버스터미널 등을 연결대상 종속회사로 보유하고 있다.

## 황금 기업으로 변신 가능한 기업(2019년 2월 6일 기준)

삼성전자: 1969년 설립된 대한민국 대표적인 글로벌 기업으로, 주요 사업은 CE부문(TV, 냉장고 등)과 IM부문(컴퓨터, HHP 등), DS부문 (DRAM, 모바일AP, LCD, OLED 등), Harman(인포테인먼트 등)으로 구성되어 있다. IM부문은 스마트폰 시장을 이끌고 있으며, 관련 제품과 더불어 삼성페이, 빅스비 등 의미 있는 혁신을 지속하고 있다. 특히 2018년 세계최초 EUV공정을 도입하여 선단공정 기술을 선도하려고 하고 있다.

황금기업 가능성: 현 구간(2019년 2월 6일)에서는 추가적인 상승이 50000원 이상 가능하다. 만약, 길게 보면서 접근한다면 현시점 글로벌 시장이 하향 곡선을 보이는 과정에서 상승파에 의한 기술적 반등으로 보고 있다. 따라서 글로벌 경기가 2019년 하반기부터 재차 하락이 나오는 것이 보이면, 동 종목도 이후 1년 이상은 하락할 것으로 예상된다. 따라서 하락장이 연출된다면 30000원 이하까지 조정이 나올 것이며 25000원 정도가 아주 매력적인 매수 구간이 될 것이다.

**월봉차트**

HDC: 2018년 현대개발산업(주)의 인적분할을 통해 HDC그룹의 지주사로 전환하였으며, 36개의 계열회사를 보유하고 있다. 주요 종속 회사로 현대EP, 아이서비스, 아이앤콘스, 현대아이파크몰, 영창뮤직 등이 있다. HDC그룹의 지주회사로서 창사 이래 이어져 온 디벨로퍼 DNA를 바탕으로 독창적 가치를 창조하고 있다. 종합부동산업, 자산관리, 첨단 신소재, IT, 유통, 호텔, 리조트, 문화, 스포츠 등 다양한 영역의 사업자 회사를 보유하고 있다.

황금기업 가능성: 현 구간(2019년 2월 6일)에서는 추가적인 상승이 4만 원 이상 가능하다. 만약, 길게 보면서 접근한다면 현시점 글로벌 시장이 하향 곡선을 보이는 과정에서 상승파에 의한 기술적 반등으로 보고 있다. 따라서 글로벌 경기가 2019년 하반기부터 재차 하락이 나오는 것이 보이면, 동 종목도 이후 1년 이상은 하락할 것으로 예상된다. 따라서 하락장이 연출된다면 다시 15000원 이하까지 조정이 나올 것이며, 해당 가격대에서 분할 매수하면 된다.

월봉차트

아모레퍼시픽: 동사는 화장품의 제조 및 판매, 생활용품의 제조 및 판매, 식품(녹차류, 건강기능식품 포함)의 제조, 가공 및 판매사업을 영위하고 있다. 화장품 사업 부문의 주요 제품으로는 설화수, 헤라, 아이오페, 이니스프리 등이 있으며, Daily Beauty & Sulloc 사업 부문의 제품으로는 미쟝센, 해피바스, 덴트롤 등이 있다. 프리미엄 사업부는 디지털 마케팅 활동으로 젊은 고객층을 확대하였으며, 생활용품 사업부는 유통 채널 다변화에 집중하고 있다.

황금기업 가능성: 현 구간(2019년 2월 6일)에서는 추가적인 상승이 300000원 이상 가능하다. 만약, 길게 보면서 접근한다면 현시점 글로벌 시장이 하향 곡선을 보이는 과정에서 상승파에 의한 기술적 반등으로 보고 있다. 따라서 글로벌 경기가 2019년 하반기부터 재차 하락이 나오는 것이 보이면, 동 종목도 이후 1년 이상은 하락할 것으로 예상된다. 따라서 하락장이 연출된다면 다시 150000원 이하까지 조정이 나올 것이며, 해당 가격대에서 분할 매수하면 된다.

월봉차트

한화케미칼: 동사는 1965년 8월 설립되었으며, 종속기업과 원료, 가공, 유통, 태양광, 기타 사업 부문을 영위하고 있다. 한화그룹에 속한 주력 계열회사이다. 주요 제품은 화학물질 및 제품(LDPE, PVC, 가성소다 등)이며 2014년부터 태양광의 핵심소재인 폴리실리콘을 상업생산하고 있다. 동사가 속한 석유화학산업은 제조원가의 60~80%를 원료비(납사, 에틸렌)가 차지하는 유가변동에 매우 민감한 산업이며, 경기 순환형 산업이다.

황금기업 가능성: 현 구간(2019년 2월 6일)에서는 추가적인 상승이 35000원 이상 가능하다. 만약, 길게 보면서 접근한다면 현시점 글로벌 시장이 하향 곡선을 보이는 과정에서 상승파에 의한 기술적 반등으로 보고 있다. 따라서 글로벌 경기가 2019년 하반기부터 재차 하락이 나오는 것이 보이면, 동 종목도 이후 1년 이상은 하락할 것으로 예상된다. 따라서 하락장이 연출된다면 다시 15000원 이하까지 조정이 나올 것이며, 해당 가격대에서 분할 매수하면 된다.

**월봉차트**

유한양행: 1926년 설립되었으며 의약품, 화학약품, 공업약품, 수의약품, 생활용품 등의 제조 및 매매를 주 사업목적으로 하고 있다. 매출구성은 약품사업본부 76.24%, 해외사업부 14.49%, 생활건강사업부 8.33%, 기타 0.94% 등으로 구성되어 있으며, 연구개발 부문에서 3분기 누적 매출액 대비 7.5%인 827억 원을 연구개발비로 집중 투자하고 있다. 현재 국내 193건, 해외 437건으로 총 630건에 달하는 특허를 보유 중에 있는 기업이다.

황금기업 가능성: 현 구간(2019년 2월 6일)에서는 추가적인 상승이 270000원 이상 가능하다. 만약, 길게 보면서 접근한다면 현시점 글로벌 시장이 하향 곡선을 보이는 과정에서 상승파에 의한 기술적 반등으로 보고 있다. 따라서 글로벌 경기가 2019년 하반기부터 재차 하락이 나오는 것이 보이면, 동 종목도 이후 1년 이상은 하락할 것으로 예상된다. 따라서 하락장이 연출된다면 다시 170000원 이하까지 조정이 나올 것이며, 해당 가격대에서 분할 매수하면 된다.

월봉차트

호텔신라: 동사는 1973년 5월 설립됐으며 1991년 3월 한국거래소 시장에 상장하였다. 면세유통 사업과 호텔사업의 글로벌 경쟁력을 강화함과 동시에 여행사업 등의 생활레저사업을 영위하고 있다. 2018년 3분기 기준 면세점 유통 부문 매출이 약 90%를 차지하고 있으며, 싱가포르 창이국제공항, 마카오 국제공항 면세점 등 해외로도 지속적인 사업 확장을 하고 있다. 국내 호텔로는 처음으로 해외에 진출하였고, 프리미엄 비즈니스호텔 신라스테이를 선보이고 있다.

황금기업 가능성: 현 구간(2019년 2월 6일)에서는 추가적인 상승이 120000원 이상 가능하다. 만약, 길게 보면서 접근한다면 현시점 글로벌 시장이 하향 곡선을 보이는 과정에서 상승파에 의한 기술적 반등으로 보고 있다. 따라서 글로벌 경기가 2019년 하반기부터 재차 하락이 나오는 것이 보이면, 동 종목도 이후 1년 이상은 하락할 것으로 예상된다. 따라서 하락장이 연출된다면 다시 70000원 이하까지 조정이 나올 것이며, 해당 가격대에서 분할 매수하면 된다.

에스엠코어: 동사는 1972년에 설립되어 2011년 11월 코스닥시장에 상장하였다. 현재 2개의 연결대상 종속회사를 보유 중이며 SK가 대주주이다. 주요 제품으로 STC, RGC, RACK, CON 등이 있으며 대표적으로 Stacker Crane은 AS/RS를 구성하는 장비 부분의 핵심 설비로 Rack에 자동 입출고하는 장치이다. 하중 분산 기능의 MATRIX 설계 및 제작기술, 정지오차가 없는 드라이브 구동장치 기술, 경량화 알루미늄 캐리지 등의 연구개발 실적이 있다.

황금기업 가능성: 현 구간(2019년 2월 6일)에서는 추가적인 상승이 14000원 이상 가능하다. 만약, 길게 보면서 접근한다면 현시점 글로벌 시장이 하향 곡선을 보이는 과정에서 상승파에 의한 기술적 반등으로 보고 있다. 따라서 글로벌 경기가 2019년 하반기부터 재차 하락이 나오는 것이 보이면, 동 종목도 이후 1년 이상은 하락할 것으로 예상된다. 따라서 하락장이 연출된다면 다시 8000원 이하까지 조정이 나올 것이며, 해당 가격대에서 분할 매수하면 된다.

월봉차트

아모텍: 동사는 신소재를 바탕으로 한 부품의 제조와 판매를 주 사업으로 하고 있는 종합 소재부품 전문기업이다. 세라믹 칩 부품 부문, 안테나 부품 부문 및 BLDC 모터 부문 사업 부문을 영위하고 있다. 새로운 결제 시스템인 NFC, MST를 채택 함으로써 각광받고 있으며, 동사도 소재 및 설계 기술을 기반으로 하여 NFC 및 MST 안테나를 개발 완료하여 고객사에 공급하기 시작하였다. 특히 2019년부터 MLCC 공급을 시작할 것이며, 다양한 신규 사업을 추진 중에 있다.

황금기업 가능성: 현 구간(2019년 2월 6일)에서는 추가적인 상승이 32000원 이상 가능하다. 만약, 길게 보면서 접근한다면 현시점 글로벌 시장이 하향 곡선을 보이는 과정에서 상승파에 의한 기술적 반등으로 보고 있다. 따라서 글로벌 경기가 2019년 하반기부터 재차 하락이 나오는 것이 보이면, 동 종목도 이후 1년 이상은 하락할 것으로 예상된다. 따라서 하락장이 연출된다면 다시 16000원 이하까지 조정이 나올 것이며, 해당 가격대에서 분할 매수하면 된다.

**월봉차트**

## 5. 벤저민 그레이엄(Benjamin Graham, 1894~1976, 영국태생의 미국의 투자가이자 경제학자, 교수)

벤저민 그레이엄(Benjamin Graham)은 1950년대 중반까지 교수로서 재직하였고, 포트폴리오 투자이론에 근거하여 위험을 나누는 분산투자와 가치투자를 주장한 대표적인 인물로써, 증권 분석의 창시자이자 가치투자의 아버지로 알려져 있다. 가치투자란 기업 내재가치가 높은 주식을 저가에 매수해서 장기 보유하다 충분한 수익을 내고 매도하는 것을 의미한다.

### 그레이엄이 제시한 기업 선택 기준은 다음과 같다.

- 자본금 규모나 유통 주식수가 너무 적어 환금성에 문제가 있는 소형주는 피하라.
- 재무상태가 우량하고 튼튼해야 한다.(개인적으로 부채비율은 100% 미만, 유보율은 600% 이상인 기업을 찾아야 한다)
- 매년 매출이 늘면서 안정적인 수익을 기록한 회사를 찾아야 한다.
- 적당한 다양성을 갖추는 것이 필요하나 10종목에서 30종목으로 너무 많은 종목을 선택하지 않을 것 등이다.

## 솔지담이 생각하는 재무상태가 우량한 저평가 기업은?

삼성물산: 동사는 1963년 동화부동산(주)로 시작하여, 2014년 제일모직(주)로 사명을 변경하고, 2015년 삼성물산과 합병하여 사명을 변경하였다. 주요 사업 부문은 건설, 상사, 패션, 조경 및 에버랜드, 리조트, 바이오 등으로 다양하게 구성되어 있다.

| 구 분 | 2017년 | 2018년 |
|---|---|---|
| 유 보 율 | 127,800% | 123,300% |
| 부 채 비 율 | 95% | 90% |
| P B R |  | 0.92 |

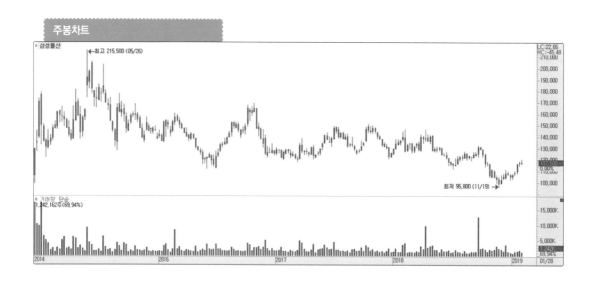

**주봉차트**

카카오: 동사는 1995년 다음커뮤니케이션으로 설립되었으며 카카오와 합병 후, 2015년 9월 주식회사 카카오로 상호 변경하였다. 국내 1위 메신저 카카오톡, 국내 1위 SNS 카카오스토리를 포함, 다양한 모바일 서비스를 제공하고 있다. 모바일 게임/광고/커머스/콘텐츠 등의 서비스를 연계해 수익을 창출하고 있으며, 카카오 택시 등 O2O 서비스와 다음 포털 사이트를 기반으로 한 온라인 광고 상품 판매사업을 영위하고 있다.

| 구　　분 | 2017년 | 2018년 |
|---|---|---|
| 유 보 율 | 11700% | 12100% |
| 부 채 비 율 | 41% | 38% |
| P B R | | 1.68 |

**주봉차트**

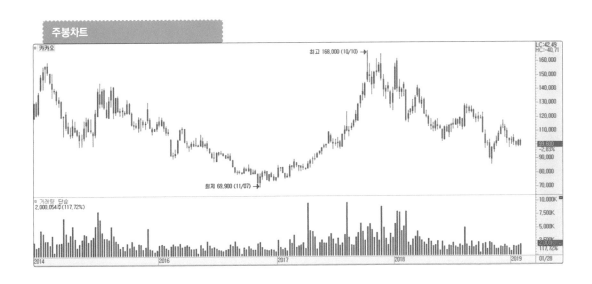

유아이엘: 1982년 7월 설립되어 휴대폰 및 전자제품 부품을 전문 개발, 생산하는 기업이다. 주요 생산 제품군으로는 제품의 특성에 따라 키 버튼, 금속부품, 부자재 및 액세서리 등이 있다. 삼성전자와 LG전자를 주요 매출사로 휴대폰용 키패드를 공급하고 있으며, 2010년 베트남 공장을 설립하여 공급을 확대하고 있다. 매출은 휴대폰 부품 제품 97.47%, 휴대폰 부품 기타 2.07% 등으로 구성되어 있다.

| 구　　분 | 2017년 | 2018년 |
|---|---|---|
| 유 보 율 | 1460% | 1420% |
| 부 채 비 율 | 40% | 40% |
| P B R | | 0.63 |

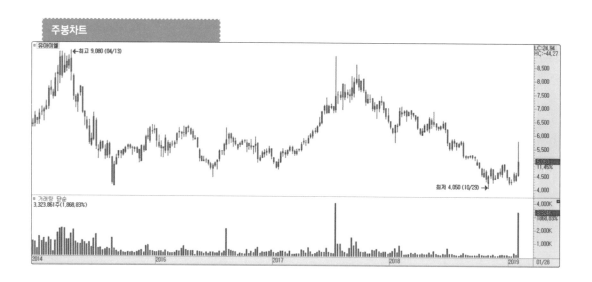

한샘: 동사는 1973년 설립되어, 부엌 가구 제조 유통 및 인테리어 가구 등 유통업을 영위하고 있다. 부엌 가구와 종합 가구-인테리어 분야에서도 1위 기업으로서 업계를 선도하고 있으며, 수도권 및 지방 상권 공략을 위해 타깃별로 전문화된 대리점 형태의 유통점을 100여 개 보유하고 있다. 매출 구성은 부엌 가구 부문 40.6%, 인테리어 가구 부문 30.2%, 기타 29.2% 구성되어 있다.

| 구　　분 | 2017년 | 2018년 |
|---|---|---|
| 유 보 율 | 2700% | 2800% |
| 부 채 비 율 | 90% | 80% |
| P B R | | 2.64 |

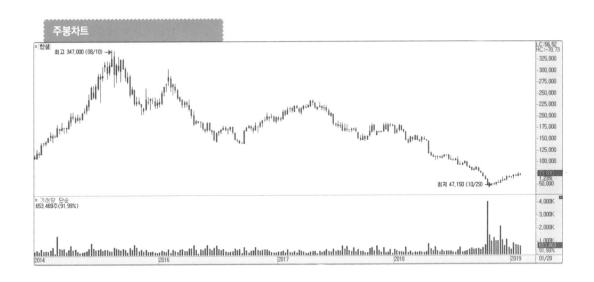

F&F: 동사는 1972년 설립돼 도서출판 및 인쇄업을 주요 사업으로 영위하고 있다. 의류, 출판, 고속도로 휴게소 사업에도 진출했으나 2002년 출판과 휴게소 사업을 인적 분할하였다. 레노마 스포츠와 MLB 라이선스 브랜드를 통해 크게 성장했으며, 2010년 키즈 라인인 MLB 키즈 브랜드도 도입하였다. 패션 아울렛 콜렉티드 죽전점을 오픈해 종합 패션 유통기업으로 기반을 다져나가고 있으며, '쟈르뎅 페르뒤'라는 그린 바를 오픈해 외식사업에도 진출하고 있다.

| 구  분 | 2017년 | 2018년 |
|--------|--------|--------|
| 유 보 율 | 3700% | 4600% |
| 부 채 비 율 | 35% | 34% |
| P B R |  | 2.28 |

**주봉차트**

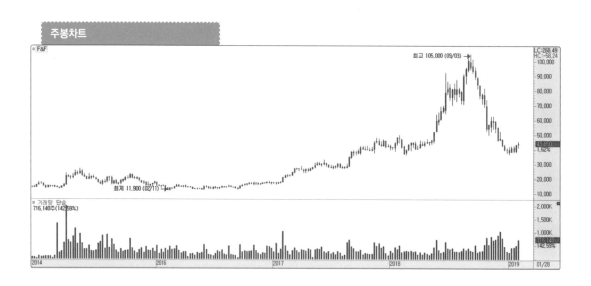

인터로조: 동사는 2000년 설립되었으며, 의료기기 중의 하나인 콘택트렌즈 제조 및 판매업을 주된 업종으로 영위하고 있다. 콘택트렌즈 디자인과 금형제작 및 사출, 생산 설비, 기술 측면에서 세계적인 수준에 올라있으며 지속적인 매출 성장으로 시장을 점유해 나가고 있다. 미용렌즈 시장이 급격하게 성장하였으며, 선진국과 같이 단기착용 렌즈 시장이 확대되면서 매출 성장이 지속적으로 증가 추세에 있다.

| 구    분 | 2017년 | 2018년 |
|---|---|---|
| 유 보 율 | 1900% | 2100% |
| 부 채 비 율 | 16% | 20% |
| P B R | | 2.20 |

**주봉차트**

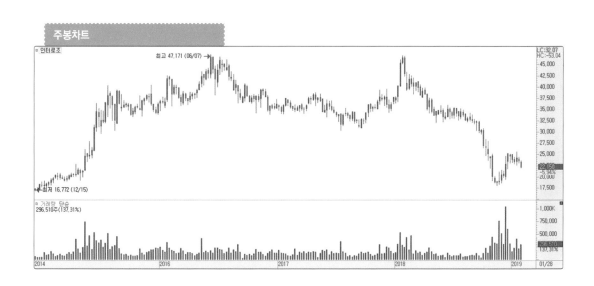

슈프리마: 동사는 바이오인식 알고리즘, 모듈 등 각종 솔루션 제품과 바이오인식 단말기, 소프트웨어 등 다양한 응용 시스템 등의 제조 및 판매를 주요 사업으로 영위하고 있다. 동사는 세계 최소형 지문인식 센서를 지원할 수 있는 지문인식 솔루션 바이오사인(Biosign 2.0)을 개발하여 스마트폰 제조사 및 센서업체에 바이오인식 통합솔루션을 공급하고 있다.

| 구 분 | 2017년 | 2018년 |
|---|---|---|
| 유 보 율 | 2600% | 2900% |
| 부 채 비 율 | 6% | 5% |
| P B R | | 1.87 |

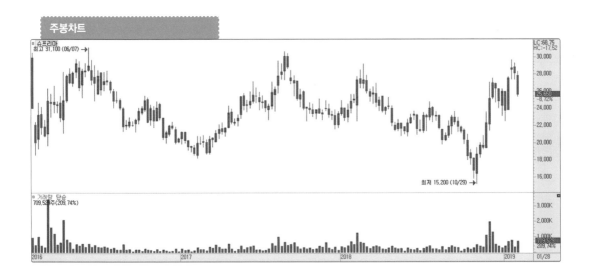

프로텍: 반도체 장비 및 자동화 부품 제조를 목적으로 1997년 설립되었으며, 조직 통합을 통한 경영 효율화를 위해 2018년 4월 자회사 피에스를 합병하였다. 동사의 시스템 사업부는 디스펜스 등의 장비를 삼성전자, 엠코테크, 스태츠칩팩코리아 등에 공급하며 BGA 패키지용 디스펜스는 국내 시장을 선점하고 있다. 국내 생산업체 중 유일하게 BGA 패키지 후공정 디스펜서 장비를 해외 수출에 성공하여 ATS 및 골콘다 등을 통해 싱가포르 및 대만에 공급하고 있다.

| 구    분 | 2017년 | 2018년 |
|---|---|---|
| 유 보 율 | 3000% | 3400% |
| 부 채 비 율 | 20% | 17% |
| P B R |  | 1.06 |

**주봉차트**

한국전력: 동사는 전력자원의 개발, 발전, 송전, 변전, 배전 및 이와 관련되는 영업, 연구 및 기술개발, 투자/출연, 보유 부동산 활용사업 및 기타 정부로부터 위탁받은 사업 등을 영위하고 있다. 사업 부문은 전기판매사업 부문과 원자력발전부문, 화력발전부문, 기타 부문으로 구분된다. 2018년 9월에는 미국 원자력규제위원회(NRC)의 표준설계인증을 취득하여 세계적인 원전설계 기술력을 인정받아 계 유수의 기업과 경쟁할 수 있는 기반을 마련하였다.

| 구    분 | 2017년 | 2018년 |
|---|---|---|
| 유 보 율 | 2100% | 2100% |
| 부 채 비 율 | 150% | 160% |
| P B R |  | 0.30 |

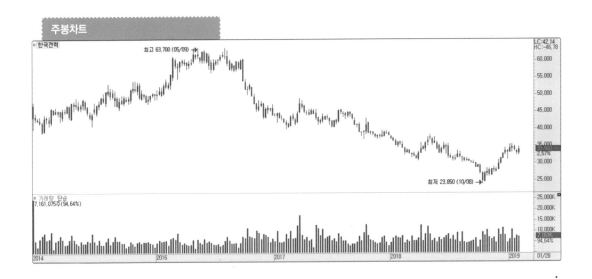

주봉차트

## 6. 존 템플턴(John Templeton, 1912~2008, 미국 출신의 영국 투자자)

예일대학교를 수석으로 졸업하고, 로즈 장학금을 받아 영국의 옥스퍼드대학교에서 경제학을 전공한 존 템플턴, 그는 1937년 월스트리트(월가)로 진출해 저평가 주식 투자로 주목을 받았으며, 1954년 투자회사인 템플턴 그로스(Templeton Growth)사를 설립하였다. 이후 영역을 확대하면서 글로벌 펀드라는 새로운 분야를 개척한 인물로, '월스트리트의 살아 있는 전설', '영적인 투자가' 등의 별칭으로 불렸다.

존 템블턴경의 역발상 투자란?

시장이 극도의 공포와 혼돈의 시간 속에서 가장 좋은 매수 시점이 생기고, 모두가 흥분하고 낙관적일 때가 가장 좋은 매도 시점이다. 역발상 투자를 실현하기 위한 방법으로 그는 낮은 가격에 매수하고 싶은 주식 리스트를 작성해서 보유하고 있었다고 한다. 언제든 기회가 오면 매수를 한다고 한다

## 존 템플턴 투자 철학

## 담대함과 평정심을 갖고 시장을 대하라.

- 최종 수익률로 평가하라.

- 투기가 아닌 투자를 하라.

- 열린 생각과 유연성을 갖고 다양한 상품을 찾아라.

- 비관적 분위기가 최고조에 달했을 때가 매수 기회이다.

- 매수하기 전에 기업 분석을 철저히 하라.

- 위험을 분산하라.

- 스스로 공부해라. 아니면 전문가의 도움을 받아라.

- 종목 선정과 분석을 게을리하지 마라.

- 패닉에 빠지지 마라.

- 실수에서 배워라.

- 기도를 통해 마음을 가라앉히고 통찰력을 얻어라.

- 시장 평균 수익률을 넘어서기가 얼마나 어려운지 알아라.

- 자만을 버리고 겸손하라.

- 시장을 너무 무서워하거나 부정적인 시각으로 바라보지 마라.

## 공포 구간에 매수해서 수익 준 사례

효성: 동사는 1966년 11월에 설립됐으며 1973년 6월에 유가증권 시장에 상장되었다. 2018년 6월 인적 분할을 단행하였다. 동사가 영위하던 사업 중 섬유/무역 사업 부문, 중공업/건설 사업 부문, 산업자재 사업 부문, 화학 사업 부문을 분할하여 각각 분할 신설회사로 설립하였다. 존속회사인 동사는 자회사 지분의 관리 및 투자를 목적으로 하는 투자 사업 부문 주요 사업으로 영위하고 있다. 지주사 로열티 수익 등 기타 부문 매출 비중이 약 55%이다.

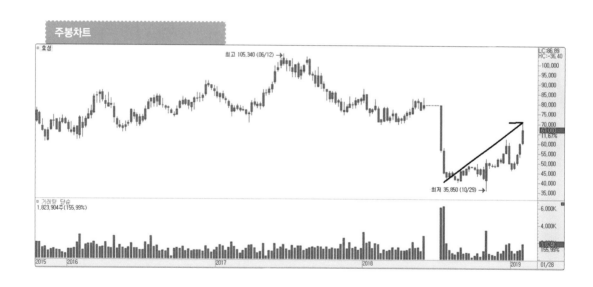

유한양행: 1926년 설립되었으며 의약품, 화학약품, 공업약품, 수의약품, 생활용품 등의 제조 및 매매를 주 사업목적으로 하고 있다. 매출 구성은 약품사업본부 76.24%, 해외사업부 14.49%, 생활건강사업부 8.33%, 기타 0.94% 등으로 구성되어 있다. 연구개발 부문에서 3분기 누적 매출액 대비 7.5%인 827억 원을 연구개발비로 집중 투자하였으며, 현재 국내 193건, 해외 437건으로 총 630건에 달하는 특허를 보유 중에 있다.

**주봉차트**

삼지전자: 동사는 무선통신용 중계장치, 운영정보표시장치를 제조, 판매하는 통신사업과 전자부품 유통사업, 중계기 설치 및 정보통신공사, 전기공사, 2차전지용 충방전시스템 등 사업을 영위하고 있다. 통신사업은 차세대 5G 이동 통신에 대응하기 위해 (주)LG유플러스와 협업하여 정부과제를 통해 샘플 개발을 진행하고 있다. 에너지사업은 2018년 한국에너지공단이 주관하는 참여기업사업에 첫 선정되었으며 주택지원사업, 건물지원사업 그리고 공동주택 사업을 진행 중이다.

**주봉차트**

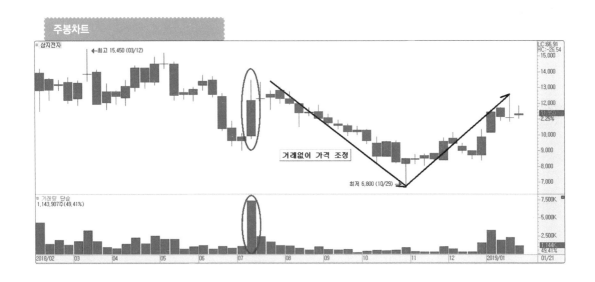

녹십자셀: 동사는 1992년 IT 회사로 설립된 후, 2005년 2월에 비상장회사인 바이오메디칼홀딩스의 BT사업 영업권을 양수하여 현재는 BT사업만을 영위한다. 2013년 사명을 이노셀에서 녹십자셀로 변경하고, 항암면역세포치료제사업, 면역세포은행사업, 제대혈은행 사업을 영위하고 있다. 면역세포항암치료제인 이뮨셀-엘씨가 2017년 4월부터 종합병원과 로컬병원에 판매되고 있으며, 2018년 미국식품의약국(FDA)에 간세포암희귀약품으로 지정되었다.

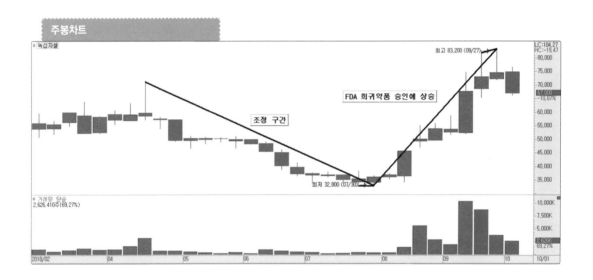

## 솔지담이 생각하는 낮은 가격에 매수하고 싶은 주식 리스트

## 거래소 종목

삼성생명: 1957년에 설립된 동사는 국내 최대 규모의 개인연금과 퇴직연금 적립금을 보유하고 있다. 시장점유율 약 25%로 국내 생보업계 선두 위치를 견지하고 있으며, 부유층 시장을 공략하기 위해 FP센터, 수익증권영업부, 패밀리오피스를 통합한 WM사업부를 신설하였다. 삼성카드, 삼성자산운용, Thai Samsung Life Insurance, 북경삼성치업유한공사 등을 주요 종속회사로 갖고 있다.

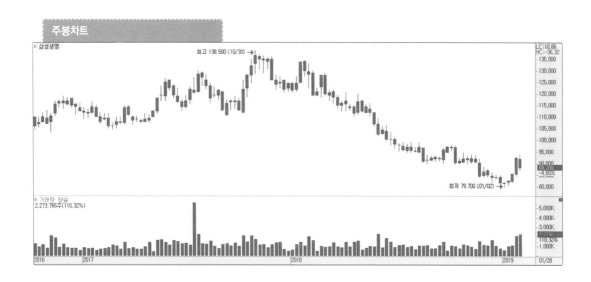

KB금융: 2008년 설립된 KB금융그룹의 지주회사로서 업계 선두권의 시장 지위와 높은 브랜드 인지도를 바탕으로 은행을 비롯하여 카드, 증권, 생명보험, 손해보험, 저축은행 등 다양한 사업을 영위하고 있다. 종속회사는 KB국민은행, KB국민카드, KB투자증권, KB자산운용, KB부동산신탁, KB인베스트먼트, KB생명보험, KB신용정보, KB데이타시스템 등이 있다. 매출은 이자수익 32%, 신탁업무 운용수익 28%, 유가증권평가 및 처분손익 24%로 구성되어 있다.

LG전자: 동사는 2002년 LG전자의 전자와 정보통신 부문을 인적 분할하여 설립하였다. 사업 부문은 TV 등을 생산하는 HE사업본부, 이동단말을 생산하는 MC사업본부, 생활가전제품을 생산하는 HA사업본부, 자동차부품을 제조하는 VC사업본부 등으로 구성되어 있다. 특히 세계 최초 올레드TV 출시 및 프리미엄 가전 판매 확대를 도모하고 있다.

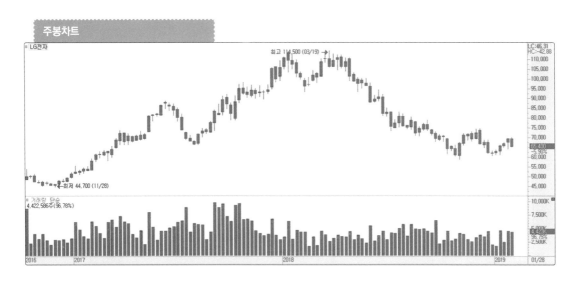

아모레G: 지주회사인 동사는 연결 대상 법인으로 아모레퍼시픽과 화장품 판매사업을 영위하는 이니스프리, 에뛰드, 에스쁘아 등이 있다. 프리미엄 시장에서 '마몽드'는 플라워 스토리를 체험할 수 있는 플래그십 스토어 오픈을 통하여 고객에게 차별화된 브랜드 경험을 제공하고 있다. 생활용품 부문의 오랄 카테고리에서 자연주의 덴탈케어 브랜드 '플레시아'를 출시하여 고객 저변을 확대하고 있다.

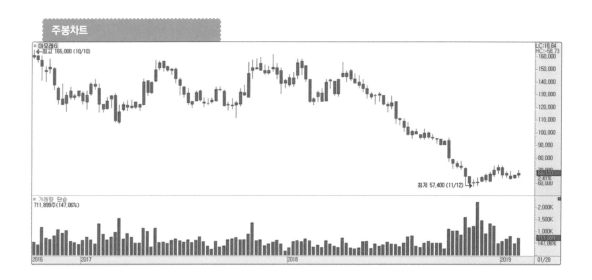

롯데지주: 1967년 식품의 제조, 판매업을 목적으로 설립된 동사는 2017년 10월 제과사업을 롯데제과를 분할하여 신설하고, 롯데지주로 사명을 변경하였다. 2017년 10월 분할합병기일로 계열회사인 롯데쇼핑, 롯데칠성음료, 롯데푸드의 분할된 투자사업 부문을 합병하여 지주회사체제로 전환하였다. 주요 자회사가 영위하는 주요 사업으로 백화점업(롯데쇼핑), 음료제조업(롯데칠성), 가공식품 도매업(롯데지알에스)이 있다.

PART 1

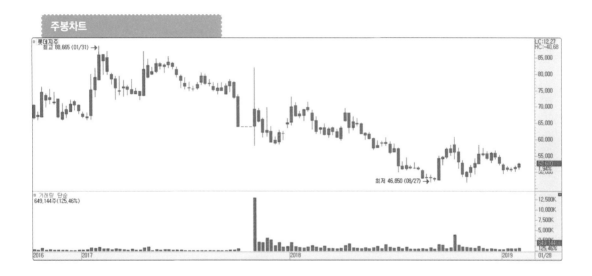
주봉차트

한국항공우주: 동사는 항공기 부품, 완제품 제조 및 판매를 목적으로 1999년 설립된 국내 유일의 종합 항공체계 제조업체로서 독점적 시장 지위 유지하고 있다. 한국 훈련기 양산 및 수출을 하고 있으며, 위성사업 등을 영위하는 방산 및 완제기수출 부문과 Boeing, Airbus 등을 영위하는 기체구기체부품을 생산하고 있다. LCH/LAH 신규 개발 사업은 2015년 6월 개발에 착수 및 LCH는 2020년 민수인증을 획득하고 LAH는 2022년 개발을 완료 예정이다.

녹십자: 의약품을 제조 및 판매하는 업체로 혈액제제와 백신 제제에 특화된 사업을 영위하고 있다. 2008년 말 전남 화순에 독감백신 생산 설비를 구축하고 계절독감백신이 2011년 세계보건기구 WHO의 PQ(Pre-Qualification) 승인을 받았다. 현재 WHO 산하 기관 등의 공급계약 체결은 물론 향후 남미, 아시아, 중동 지역으로의 개별적 수출 확대 진행 중에 있다.

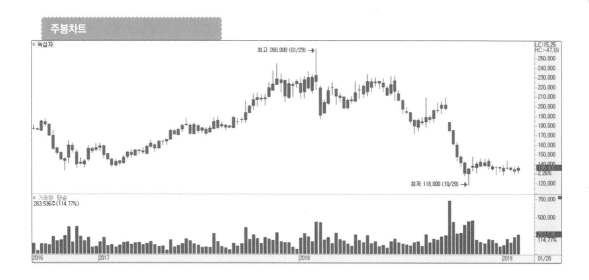

한국타이어월드와이드: 지주회사 체제 전환을 위해 2012년 9월 1일 인적 분할의 방식으로 투자부분을 담당하는 한국타이어월드와이드(주)와 기존의 타이어사업 등을 영위하는 한국타이어(주)로 분할되었다. 동사의 사업 부문은 (주)아트라스비엑스의 축전지부문, 자회사의 경영자문 용역매출, 임대사업수익, 상표권사용수익, 지분법이익으로 구성되어 있다. 국내타이어 시장은 동사와 금호타이어, 넥센타이어가 약 90% 이상 과점하고 있으며, 축전지 사업 역시 4개의 업체가 90% 이상을 차지하고 있다.

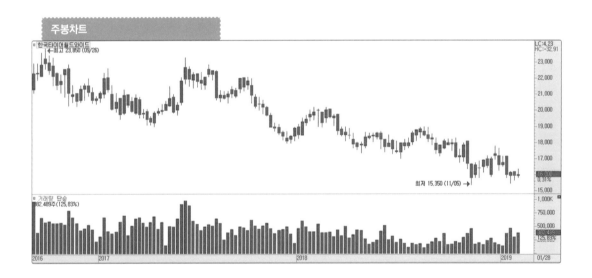

CJ대한통운: 1930년 11월 15일에 설립되어 CL사업 부문, 택배사업 부문, 글로벌사업 부문, 건설사업 부문을 주된 사업 부문으로 영위하고 있다. 국내 유일의 직영 조직과 2만 개의 택배 취급점을 확보하고 있으며, 2018년 8월 경기 광주에 아시아 최대 규모의 메가허브터미널을 오픈하는 등 업계 최고 수준의 인프라를 구축하였다. 해외사업은 국내와 동일하게 전 물류 영역을 수행하는 종합 물류 사업자를 지향하고, 전략 화주 및 성장 산업군을 타깃으로 하여 사업영역 확대를 꾀하고 있다.

주봉차트

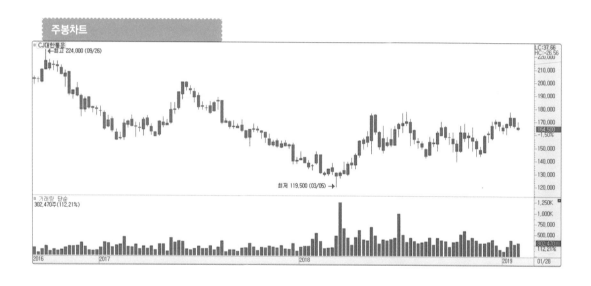

## 코스닥 종목

셀트리온헬스케어: 1999년 12월 설립된 동사는 주요 계열사인 셀트
리온과 공동 개발 중인 바이오의약품(바이오시밀러, 바이오베터, 바이
오 신약)들의 글로벌 마케팅 및 판매를 담당하고 있다. 셀트리온이 제조
한 바이오시밀러 및 기타 의약품에 대한 독점 판매권을 가지고 있으며
Pfizer, Teva 등을 포함하여 110여 개 국가에서 40개 파트너와 판매
및 유통 파트너십을 구축하고 있다.

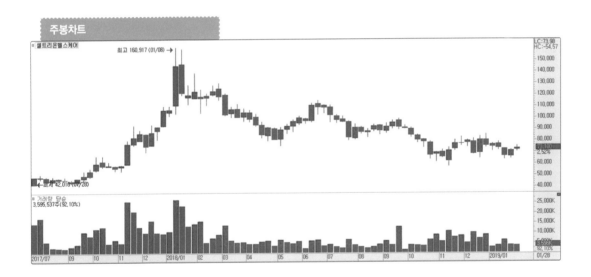

CJ ENM: 동사는 1994년 12월 16일 종합유선방송사업과 홈쇼핑 프로그램의 제작·공급 및 도소매업을 목적으로 설립되었으며, 미디어, 커머스 사업 등을 영위하고 있다. 동사는 신유통, 유선방송업, 엔터테인먼트 등의 사업 부문을 가지고 있으며, 베트남, 태국 시장 등에 차례로 진출하여 글로벌 네트워크를 형성하고 있다. 종합쇼핑몰 CJ몰을 운영하고 있으며, 카탈로그 및 콜센터 아웃바운드, 오프라인 매장 스타일온에어 등을 운영한다.

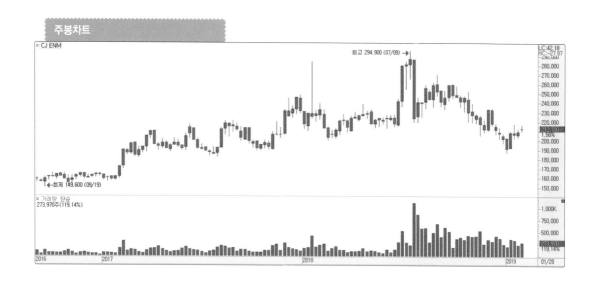

주봉차트

삼표시멘트: 지배회사 및 종속회사는 시멘트 사업을 영위하고 있으며 시멘트, 크링커, 석회석 등을 제조 및 판매하고 있다. 연결회사인 삼표라임스톤은 삼표시멘트의 45광구 부원료 설비의 유지 및 보수업무를 진행하고 있으며, 55광구 고령토 착암 및 적재작업 및 49광구 석회석 적재 운반 업무를 수행하고 있다. 삼표자원개발은 신규광산의 풍부한 매장량을 기반으로 시멘트의 주원료인 양질의 석회석을 삼표시멘트에 판매하고 있어 안정적인 수요처를 확보하고 있다.

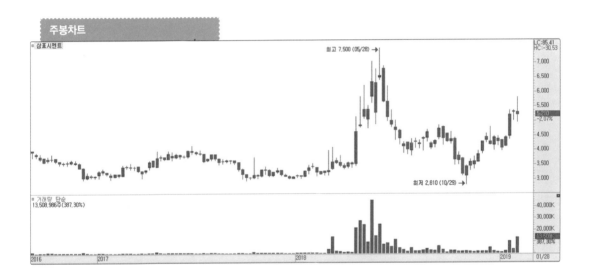

안랩: 동사는 1995년 설립된 국내 대표 통합보안 업체로 국내 최장수 소프트웨어 브랜드인 V3 제품군을 비롯해 네트워크 보안 서비스인 트러스가드, 보안컨설팅, 보안관제 등의 서비스를 제공하는 업체이다. 바이러스 백신 분야에서 시장점유율 1위를 기록하고 있다. 서비스 분야는 보안 컨설팅과 네트워크 침해 사고 여부를 24시간 모니터링 및 대응하는 보안 관제 등이 있다. 공공기관과 금융기관에 대규모 해킹사태가 연달아 발생한 이후 관련 수요가 늘고 있다.

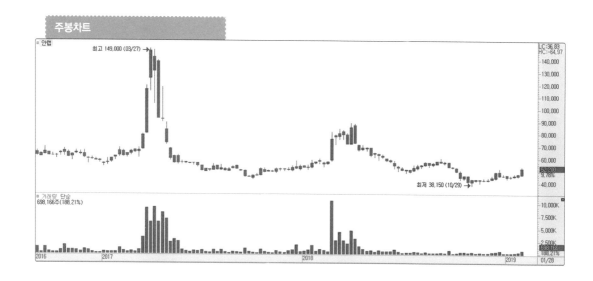

서부 T&D: 주요 사업은 쇼핑몰 운영업, 물류시설 운영업, 관광호텔업, 석유류 판매업, 임대 및 기타 사업 5개 부문으로 나뉘어 있다. 국내 최초 단일건물로 이뤄진 복합쇼핑센터인 인천 스퀘어원을 운영하고 있으며, 2017년 10월 용산에 오픈한 서울드래곤시티호텔은 객실 1700개로 국내 최대 규모이다. 서울 서부권에 위치한 물류거점으로서 물류창고, 화물하치장 등 물류시설과 화물 주선업자를 위한 사무용 건물, 화물 배송을 위한 주차시설 등 국내 최대의 시설을 보유하고 있다.

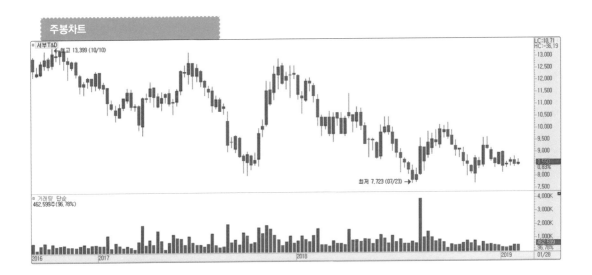

와이지-원: 1981년 설립된 동사는 공작기계, IT 기기, 자동차, 선박, 항공기 등을 정밀 가공하는 절삭공구를 제조해 판매하는 사업을 영위하고 있다. 주요 제품은 엔드밀(EndMill), 드릴(Drill), 탭(Tap) 등이 있으며 다양한 용도에 사용할 수 있는 다기능, 고부가가치의 특성 및 소모성 공구라는 공통적인 특성을 가지고 있다. 한국OSG 등이 주요 경쟁사이며, 수출비중이 70%를 넘으며, 해외에 다수의 종속회사를 두고 있다.

**주봉차트**

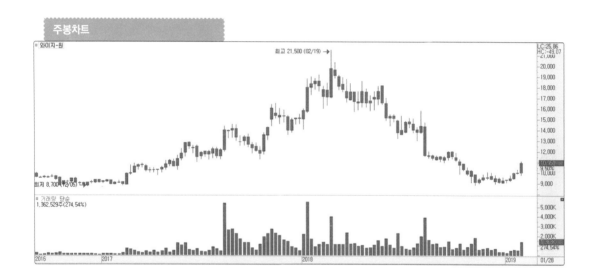

인바디: '체성분검사=인바디검사'로 불리며 세계 1위이자 체성분분석의 표준으로 신뢰받는 글로벌 헬스케어 기업으로 해외 6곳의 현지법인과 90여 개국에 수출하며 매년 27%가량 성장을 거듭하고 있다. 대표 브랜드 InBody는 결과를 정확하게 보여주는 체성분분석기로의 역할과 함께 각 분야의 전문 사용처에서 신뢰의 상징으로 역할하고 있다. 메디컬, 피트니스, 영양 등 전문 분야에서 활용되며 누적 논문만 2,200여 건에 달한다.

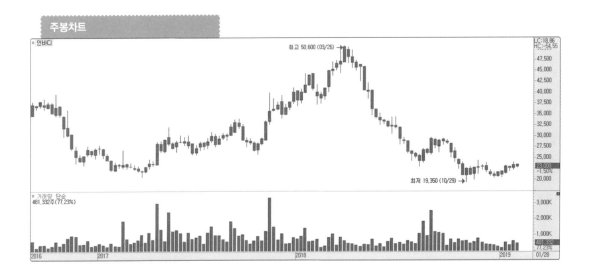

주봉차트

주성엔지니어링: 동사는 반도체 및 디스플레이, 태양전지, 신재생에너지, LED, OLED 제조장비의 제조 및 판매 등을 영위할 목적으로 설립되었다. 동사는 현재 반도체, 디스플레이, 태양전지, LED 및 OLED 제조장비 사업을 영위하며, LED용 GaN MO CVD 장비 사업과 OLED 제조장비 사업을 신성장 동력으로 삼고 있다. 동사는 100% 수입에 의존하던 LED 제조 핵심 장비인 GaN MO CVD의 국산화로 OLED 디스플레이 시장에 진입하였다.

**주봉차트**

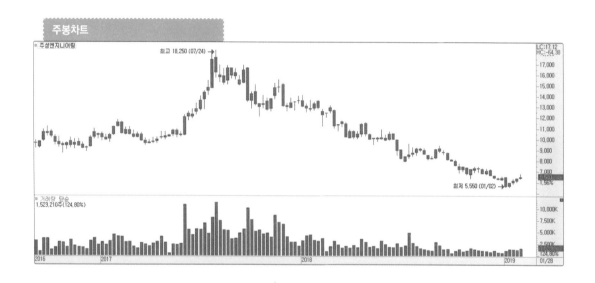

브이원텍: 2006년 5월 설립된 동사는 머신 비전 및 화상 처리를 통한 디스플레이 검사 S/W 개발 및 장비를 제작하고 있다. 주요 제품으로는 LCD/OLED 압흔검사기, OLED 원장 FMM Align 및 검사 비전 시스템 등이 있다. 주력으로 영위하고 있는 모듈 공정 내 압흔검사 분야에서 장비 관련 지적재산권 출원 및 등록을 통해 경쟁력을 확보하고 있으며 압흔 관련 검사기술을 한국/중국/대만 3개국에 출원하여 등록 완료하였다.

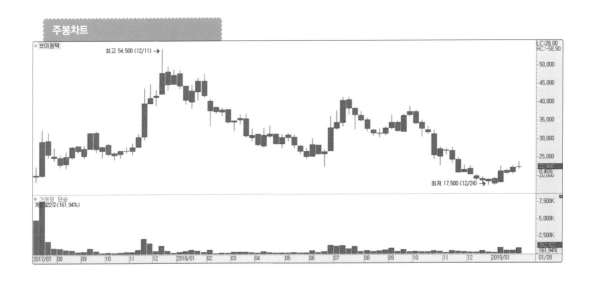

## 7. 필립 피셔(Philip Arthur Fisher, 1907~2004, 성장주 투자의 대가)

피셔에 의하면 투자자가 믿고 투자할 대상은 경기 흐름도, 정책 방향을 쥐고 있는 정치인도 아니다. 오직 "성장 의지가 강하고 실행력을 갖춘 경영자다."라고 말한다. 기업의 재무제표를 통한 양적분석만으로는 기업분석을 완벽히 할 수 없으며, 주가는 증권가의 재평가가 이뤄지지 않는 이상 쉽게 움직이지 않는다고 말하였다.

### 필립 피셔의 투자대상 기업을 찾는 15가지 포인트

- 향후 매출액이 늘어날 수 있는 시장 잠재력이 있는 제품이나 서비스를 갖고 있는가?
- 최고경영진은 매출액을 더욱 늘릴 수 있는 신제품이나 신기술을 개발하고자 하는 열의를 갖고 있는가?
- 기업의 연구개발 노력은 회사 규모를 감안할 때 얼마나 효과적인가?
- 평균보다 나은 영업조직을 갖고 있는가?
- 영업이익률은 높은가?
- 영업이익률을 높이기 위해 무엇을 하고 있는가?
- 노사관계는 훌륭한가?
- 경영진 간에 좋은 관계가 유지되고 있는가?
- 두터운 기업 경영진을 갖고 있는가?
- 원가분석과 회계관리 능력은 얼마나 우수한가?
- 해당 업종에서 차별화된 사업 부문을 갖고 있으며, 경쟁업체에 비해 얼마나 뛰어난 기업인가를 알려주는 중요한 단서를 제공하는가?
- 이익을 바라보는 시각이 단기적인가, 장기적인가?

- 성장에 필요한 자금조달을 위해 가까운 장래에 증자할 계획이 있으며, 이로 인해 현재의 주주가 누리는 이익이 상당 부분 희석될 가능성은 없는가?

- 경영진은 모든 것이 순조로울 때는 투자자들과 자유롭게 대화하지만, 문제가 발생하거나 실망스러운 일이 벌어졌을 때는 '입을 꾹 다물어버리지' 않은가?

- 의문의 여지가 없는 진실한 최고경영진을 갖고 있는가?

**모기지대출(Mortgage Loan)**

금융회사가 대출 설정 시 담보물인 부동산에 저당권(Mortgage)을 설정하고 이를 근거로 자금을 대출하는 것을 말한다. 일반적인 대출은 만기도래까지 자금이 묶이는 것과는 달리 모기지대출은 대출 시 취득한 저당권을 담보로 추가적 담보증권을 발행·유통시켜 또 다른 대출자금을 마련할 수 있다는 것이 특징이다.

## 솔지담이 생각하는 필립 피셔의 투자 철학에 부합하는 기업은?

SK하이닉스: 1949년 국도건설로 설립되어 1983년 현대전자로 상호를 변경했고, 2001년 하이닉스반도체를 거쳐, 2012년 최대주주가 SK텔레콤으로 바뀌면서 SK하이닉스로 상호를 변경하였다. 주력 제품은 DRAM, 낸드플래시 등 메모리반도체이다. 2017년 매출액 기준 세계 반도체 시장에서 차지하는 시장 점유율은 DRAM이 27.8%, 낸드플래시는 12.2%이다.

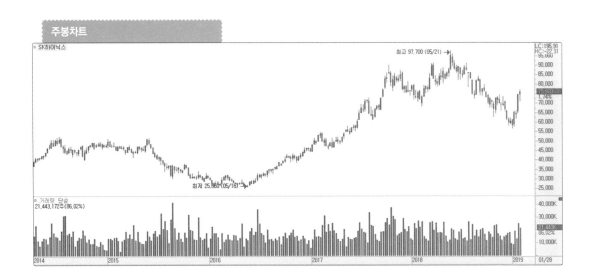

오리온홀딩스: 2017년 6월 1일을 분할 기일로 식품사업 부문인 오리온을 인적 분할한 동사는 지주회사로 전환하면서 '오리온홀딩스'로 상호를 변경하였다. 주요 수익은 브랜드 사용 수익, 임대수익, 종속회사 등으로부터 수취하는 배당금 수익 등이 있다. 종속회사인 오리온의 제과사업 부문은 1974년 국내외 제과시장의 대표적인 히트제품인 초코파이를 출시하였으며, 빠른 해외시장 개척 전략을 바탕으로 국내외에 높은 브랜드 인지도를 쌓고 있다.

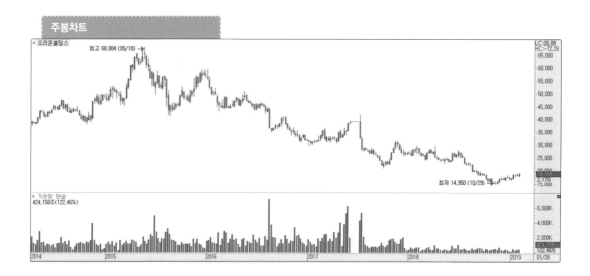

셀트리온: 단백질 의약품 연구/개발/제조 목적으로 1991년 설립된 동사는 생명공학기술 및 동물세포 대량 배양기술을 기반으로 항암제 등 각종 의약품을 생산하고 있다. 아시아 최대인 140,000L 규모의 동물세포배양 단백질의약품 생산 설비를 보유하고 있으며, 향후 개발 일정과 수요 등을 고려하여 3공장을 신설할 예정이다. 세계 최초 개발한 자가 면역질환 치료용 바이오시밀러 '램시마'는 국내 단일 의약품 가운데 최초로 글로벌 시장에서 연간 처방액 1조 원을 돌파하였다.

**주봉차트**

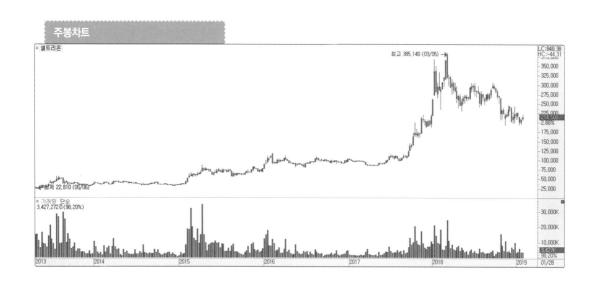

BGF: 동사는 1990년 가락시영점을 오픈하여 편의점 체인화 사업을 시작했으며, 물류와 POS시스템 그리고 서비스상품 등 편의점 체인화 사업을 위한 네트워크를 확립하였다. 수익성 위주의 점포 확장 정책에 따라 점포수 증가 폭은 둔화되었으나, 수익성 중심의 점포 개발과 가맹점 수익성 향상을 목표로 내실경영 체계를 공고히 하고 있다. 종속기업인 비지에프캐시넷을 통해 현금영수증 사업을 추진하고 있으며, 사업 다각화로 수익 안정성을 확보할 예정이다.

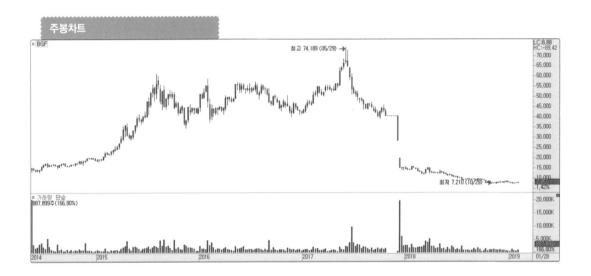

유비쿼스홀딩스: 동사는 2000년 7월 설립되어, 2017년 3월 물적, 인적 분할을 실시한 분할 존속회사로서, 지주회사 전환 후 자회사 관리 등 지주사업을 영위 중이다. 인적분할 후 유비쿼스는 네트워크 장비 개발을 담당하며, 물적 분할 후 신설된 유비쿼스인베스트먼트는 금융자산운영, M&A 부문 등을 담당하고 있다. 동사는 브랜드 및 상표권 등 지적 재산권의 관리 및 라이선스업, 자회사 등에 대한 자금지원 및 자금조달 사업 등을 수행하고 있다.

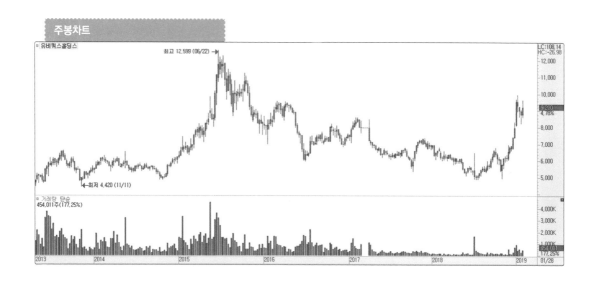

제일파마홀딩스: 1959년 3월 설립된 동사는 2017년 6월을 분할기일로 인적 분할하여 투자, 브랜드 수수료, 경영 자문 수수료 등 지주회사 사업을 영위하고 있다. 신설된 제일약품의 일반의약품 부문은 제일헬스사이언스로 분사하고, 제일약품의 의약품유통업을 강화하기 위해 제일앤파트너스가 설립되었다. 경피흡수제 '제일파프'는 국내 습포제 시장의 성장을 이끌며 습포제를 대중화시키고, 국내 경피흡수재 연구개발을 위한 기반을 마련하였다.

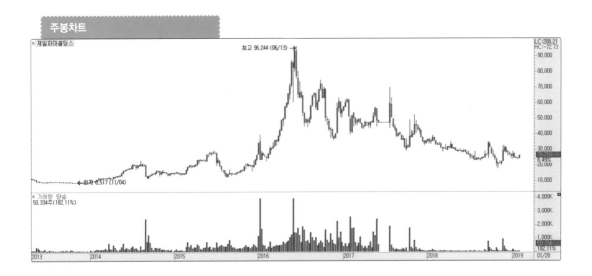

한국토지신탁: 동사는 부동산신탁업을 영위할 목적으로 1996년 4월 설립되었으며, 2016년 7월 코스닥시장에서 코스피시장으로 이전 상장하였다. 부동산 개발을 중심으로 하는 토지신탁사업, 비토지신탁사업, 도시정비사업, REITs, 투자사업, 해외사업 등을 수행하고 있다. 차입형 토지신탁에서 축적한 경험과 자본조달 능력을 바탕으로 개발사업을 안정적으로 수행 가능하고, 주요 아파트 브랜드는 코아루가 있다.

**주봉차트**

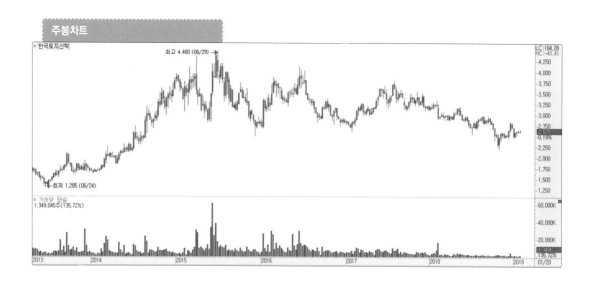

엔씨소프트: 동사는 1997년 3월 설립되었으며 동사의 주된 사업은 온라인, 모바일 게임의 개발 및 서비스 제공을 포함한 디지털 엔터테인먼트 관련 인터넷 사업이다. PC게임인 리니지, 블레이드앤소울 등과 모바일게임인 리니지 레드나이츠, 파이널 블레이드 등을 보유하고 있다. 모바일게임은 앱스토어에서 3분기 동안 게임부문 매출의 17%를 차지하였으며, 매출 구성은 모바일게임 52%, 로열티 17%, 리니지 8%, 블레이드앤소울 7% 등으로 구성되어 있다.

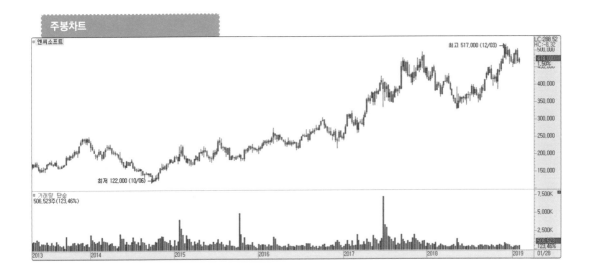

케어젠: 동사는 단백질과 단백질의 기능을 갖는 펩타이드에 대한 연구와 기술을 바탕으로 화장품과 의료기기 제품을 생산, 판매하고 있다. 효능 원료인 원재료를 자체 생산하고 있어 다양한 제품을 빠른 시일 내에 만들 수 있고, 탁월한 원가 경쟁력과 제품의 안정성을 보유하고 있다. 펩타이드는 건강기능식품, 의약품으로의 개발도 가능하며 식품은 제품화 단계, 의약품은 시제품 단계까지 연구가 진행 중이다.

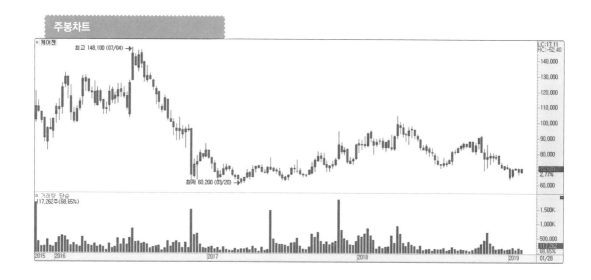

## 8. 짐 로저스(Jim Rogers, 1942~, 투자왕, 미국의 투자 전문가)

엘라바마주 데모폴리스(Demopolis)에서 자란 로저스는 예일대학교, 옥스퍼드대학교(University of Oxford) 베일리얼 칼리지(Balliol College)를 다녔으며, 이후 글로벌 투자 파트너십인 퀀텀펀드(Quantum Fund)를 공동 설립하였다. 1970년대 스탠더드앤드푸어스(S&P) 수익률이 47%였던 당시 4,200%라는 경이적인 수익률을 기록하면서 유명세를 탄 인물이다. 최근에는 남북 화해 분위기 조성 및 북미 간 정상 회담 등으로 남북경협 문제가 강하게 부각되면서 국내 기업인 '아난티'라는 기업 사외이사가 되면서 다시 부상하는 인물이다.

### 짐 로저스의 투자 철학

- 세계 경제가 좋아진다면 원자재(commodities)는 좋은 투자처다. 설령 세계 경제가 나아지지 않는다 해도 원자재는 앞으로도 매력적인 투자처이다. 이런 투자철학에 따라 아난티라는 기업에 사외이사를 수락하고, 추후 북한에 많은 천연자원에 투자할 생각인 듯하다.
- 국채나 주식만으로는 큰돈을 벌 수 없다. 금, 은 같은 원자재에 투자해라.

물을 확보할 수 있는 수단에 투자한다면 엄청난 부를 축적할 수 있다. 담수화와 정수 관련 사업에 투자하라. 국내 담수화 관련 기업은 두산중공업, EG, 코오롱글로벌 등이 있다.

두산중공업: 원자력, 화력 등의 발전설비, 해수 담수화 플랜트, 환경설비, 운반설비 등을 제작하며, 건설중장비, 엔진 등을 생산하는 기업이다. 동사는 전체 플랜트의 EPC 공급을 주 사업 영역으로 하고 있어 플랜트 건설 기간 동안 원자재의 안정적인 조달 여부가 수익성 여부에 큰 영향을 미친다. 2017년 베트남 버스 엔진 시장 진출 성공에 따라 현지 상용차 업체 4곳과 베어 섀시 및 엔진 공급을 시작하였으며, 2018년 이후 동남아 지역 엔진 공급 확대에 노력 중이다.

**주봉차트**

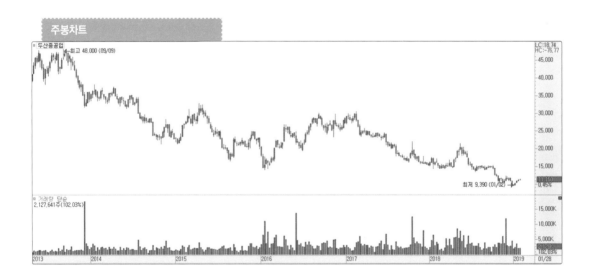

EG: 동사는 주요 사업으로 페라이트 자성소재의 제조 판매, 엔지니어링 사업, 무역사업 등을 영위하고 있다. 동사는 산회수 설비의 설계 및 시공, 운전 능력을 모두 겸비하고 있는 세계 유일한 산화철 전문 업체로서 고급산화철 세계시장 점유율 1위를 꾸준히 유지하고 있다. 중국의 TDG, 일본의 TDK 등 세계 최고 수준의 우량 고객사를 확보하고 있고, 우수한 품질의 제품을 제조하여 안정적으로 공급함으로써, 업계 선두의 점유율을 유지하고 있다.

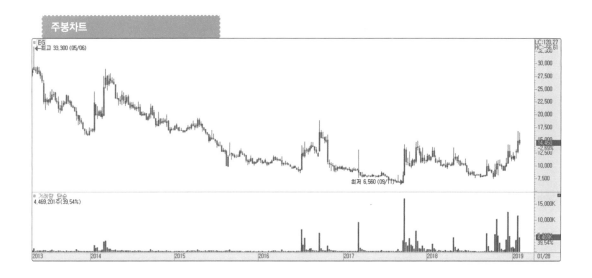

코오롱글로벌: 동사는 국내 최초로 나일론 섬유를 생산하는 기업으로
설립되어, 2009년 인적 분할을 통해 지주회사로 전환되었다. 연결대상
회사들이 영위하는 사업으로는 종합건설, 하수 및 폐수처리, 전자제품
제조, 시스템 소프트웨어 개발, 폐기물 처리 등이 있다. 매출 구성으로
볼 때 유통사업과 건설사업 부문이 주력 사업 부문이며, 그 외 IT 사업,
지주사업, 환경사업, 제약사업 등을 영위하고 있다.

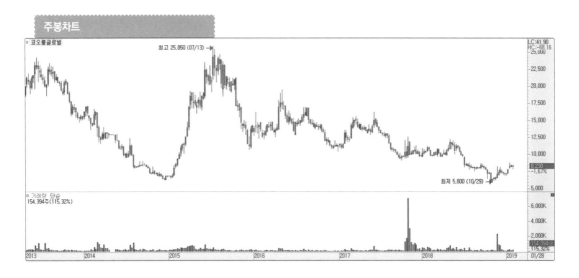

- 중국 시장의 무한한 가능성과 향후 미래를 내다봤을 때 중국 농업은 최고의 투자처가 될 것이다.

- 중국어 배워라. 21세기는 아시아, 특히 중국이 주도하는 100년이 될 것이다.

- 인도는 투자자보다는 여행자들에게 매력적인 곳이다.

- 인도는 이상한 많은 규제와 재정 문제로 국가 경쟁력은 모르겠으나, 그래도 뛰어난 사람은 확실히 많다.

- 미얀마에 투자한다면 20, 30, 40년 후에는 아주 부유해질 것이다.

- 미얀마에는 6,000만 명의 인구와 교육 수준이 높은 노동자, 엄청난 천연자원이 있다.

- 행운을 잡고 싶다면 공부를 해라.

- 기본적인 판단이 틀리면 돈을 벌 수 없다.

- 많은 사람들이 상승장에서 돈을 벌고 난 후 자신이 똑똑하다고 착각을 한다.

- 비이성적인 상승장은 결국 거품으로 끝난다.

- 많은 돈을 벌고 싶다면, 계란을 한 바구니에 담아라.

- 부자가 되는 방법은 좋은 투자처를 찾고, 모든 자원을 그곳에 집중하는 것이다.

- 자신만의 레인에서 수영을 해라. 처음 투자를 시작했을 때는 다른 사람들이 어떻게 행동하는지를 의식했다. 하지만 시장 흐름에 동조하지 않으면서부터 내 선택이 옳다는 것을 깨달으면서 성공투자를 했다.

- 성공한 투자자들은 어딘가에 투자해서 돈을 벌게 되면, 그 이후로는 신중해져야 한다. 사람들은 돈을 벌게 되면 흥분하게 되고, 모든 것이 쉽다라고 생각한다. 하지만 이때가 가장 위험한 시기이다. 보통 돈을 벌고 나면 새로운 투자처를 찾아야 한다고 생각하는데 굳이 그럴 필요가 없다. 어딘가에 계속 투자해야 한다고 생각하는 것이 사람들이 쉽게 저지르는 실수이다. 쉬는 것도 투자이다.

2018년 말, 미국과 북한 간에 화해 무드가 조성되면서 짐 로저스가 국내 기업인 '아난티' 사외이사로 선임되면서 북한 경협 관련 기업들이 다시 한번 부각되면서 큰 상승을 주었다. 관련 대표 기업들을 보면 다음과 같다.

## 무상증자

증자란 회사 주식자본의 증가와 함께 실질적인 재산 증가를 가져오는 유상증자와 주식자본은 증가하지만 실질재산은 증가하지 아니하는 무상증자가 있다. 무상증자는 자본준비금을 자본금으로 전입할 때 주주들에게 무상으로 신주를 발행하는 것으로, 무상증자는 자금조달을 목적으로 하지 않고 자본구성을 시정하거나 사내유보의 적정화 또는 기타의 목적을 위해 실시한다.

아난티(짐 로저스 사외이사): 동사는 1987년 피혁 및 관련 제품의 제조, 판매를 목적으로 설립되었고, 2004년 최대주주가 변경된 후 사업목적과 업종이 골프장 레저사업으로 변경되어 영위 중이다. 레저시설 개발 및 건설, 운영 등의 사업을 영위하고 있으며, 2개의 종합 골프 리조트와 3개의 회원제 골프장, 최고급 리조트로 구성된 레저 전문그룹이다. 레저시설의 개발 및 건설, 운영, 분양 등 관련된 전 부문을 직접 모두 수행 가능한 전문성 및 경쟁력을 갖추고 있다.

**주봉차트**

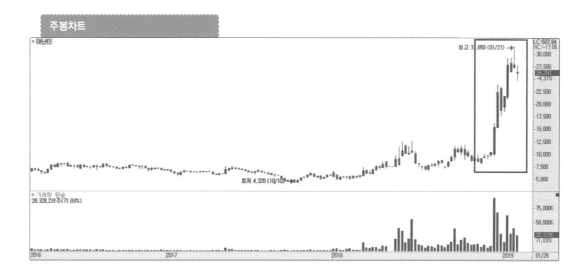

조비(비료 관련 기업): 과학적 토양 검정을 통해 공급되는 친환경 맞춤 비료와 완효성 비료 등을 생산할 수 있는 공정을 갖춘 비료 전문 메이커로서 100여 개 품목의 복합비료를 생산하여, 농협 및 대리점을 통해 판매하고 있다. 비료산업은 천연가스 산유국이나 인광석, 염화칼리 등 주요 원료 생산국을 제외하고는 국내 수급을 안정적으로 유지하기 위한 내수 충당 목적의 사업체이다. 원자재를 수입에 의존하고 있어 국제 경쟁력이 약하며, 원자재 가격 변동에 영향을 많이 받는다.

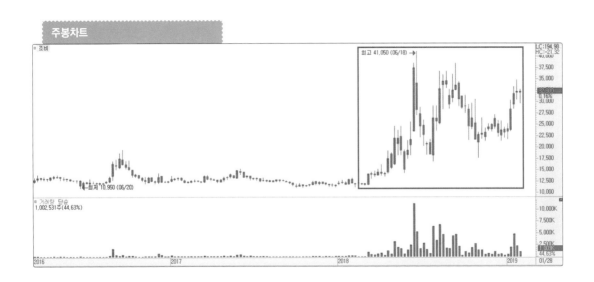

한국내화(광물 자원 관련 기업): 1973년 한국특수내화공업사로 설립된 종합 내화물 생산 업체로 정형, 부정형, 염기성 및 각종 내화물과 알루미늄 합금 및 탈산제, 비금속 미분체 등을 제조, 생산, 판매하고 있다. 주요 제품은 내화물, 산업로 및 고로, 알루미늄합금 및 탈산제이다. 주요 시장으로는 제철제강, 시멘트, 유리, 중공업, 전력 및 화력발전소가 있다. 미국 Vesuvius사, 일본 구주내화연와, 독일의 Karrena 등 주요 사와 기술 협약 체결로 경쟁력을 확보하고 있다.

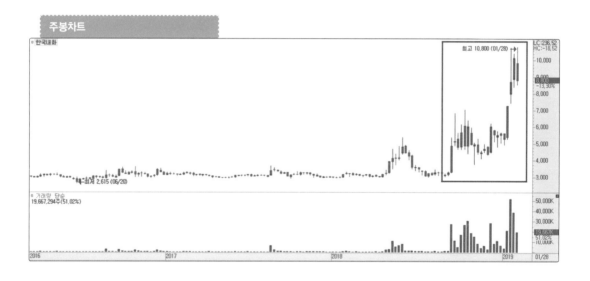

좋은 사람들(개성공단 관련 기업): 메리야스 제조 및 판매업을 영위할 목적으로 1993년 5월 1일에 설립되었고, 1997년 11월 3일에 코스닥시장 상장되었다. 소비자 니즈(Needs)가 점차 다양화됨에 따라 타깃과 트렌드를 세분화하여 보디가드, 섹시쿠키, 예스, 돈앤돈스, 제임스딘, 리바이스, 퍼스트올로 등의 브랜드를 운영하고 있다.

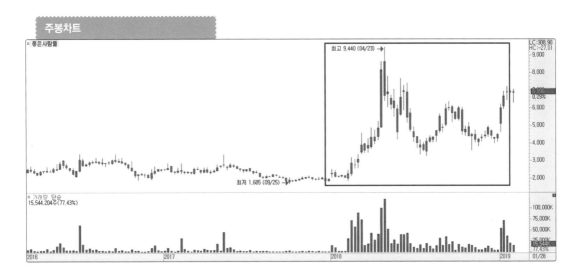

대아이타이(철도 관련 기업): 동사는 철도신호제어 시스템 개발 및 공급업을 주 사업으로 영위하고 있으며, 인터넷 광고사업을 함께 영위. CTC(Centralized Traffic Control)를 국산화하여 철도교통관제시스템을 수주 및 완공하였다. 경부고속철도 KTX 1단계 및 2단계 구간을 모두 수용하는 고속철도 관제시스템을 구축하였다. 5개(서울, 대전, 부산, 순천, 영주) 지역관제실로 분포되어 있는 관제설비를 하나의 시스템으로 통합하는 사업을 완공하였다.

**주봉차트**

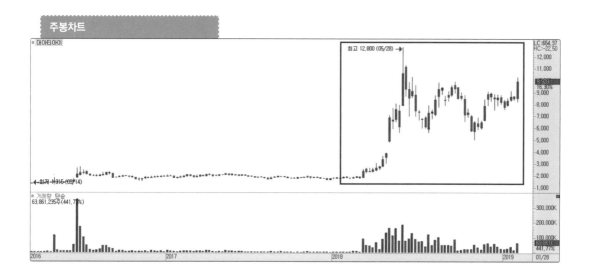

한일현대시멘트(시멘트 관련 기업): 현대건설 시멘트사업부에서 독립하여 1969년 설립되었으며, 시멘트 제조를 주요 사업으로 영위하고 있다. 시멘트 부문 국내 시장점유율은 2017년 기준 8.4%이다. 원료 중 약 90%를 차지하는 석회석은 전량 국내에서 조달하며, 소성 과정에서 필수적인 열에너지원인 유연탄은 전량 수입하고 있다. 2014년 채권금융기관 공동관리에 들어갔으며, 채권단의 출자전환과 출자주식을 한일시멘트 계열의 HLK홀딩스로 매각함으로써, 2017년 8월 공동관리절차가 종결되었다.

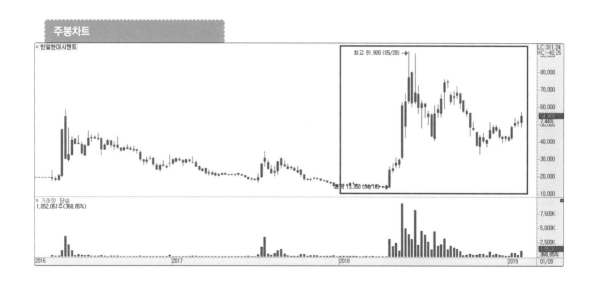

**주봉차트**

# 04 솔지담의 증시 푸념

미국 월가에서 건너온 말로 귀에 못이 박일 정도로 자주 듣는 말이 "주식은 여유자금으로 하라."는 것이다.

개인 투자자들 사이에서는 집을 마련한 다음에 주식 투자를 하는 것이 아니라, 집을 마련하기 위한 수단으로 주식투자를 한다는 것이다. 심지어는 돈을 빌려서까지 주식 투자를 한다는 것이다. 이렇게 주식 투자를 하다 보면, 조금만 하락을 해도 초조해하고, 심리적으로 흔들리면서 조급해지기 쉽다. 결국 단기에 수익을 보려다 시간에 쫓기어 낭패 보기 십상이다. 주식은 안정적이고 여유 있는 상황에서 투자를 해야 냉정하고 신중하게 매매를 할 수 있다. 그러나 대부분의 개인 투자자들은 그렇지 못하다.

그 이유는?

첫째, 준비 없이 주식을 하기 때문이다.

둘째, 주변에서 무슨 종목으로 큰돈을 벌었다고 듣는 순간 무작정 시장에 뛰어든다는 것이다.

셋째, 귀가 너무 얇다. 지인이나 주변에서 들은 찌라시성 뉴스와 재료를 맹신한다는 것이다. 다시 말해서 귀동냥으로 얻은 종목이 무슨 신줏단지라도 되는 양 주가가 줄줄 하락하던, 급락하던 무조건 보유하는 습관이 문제다.

넷째, 상승장에 쉽게 돈을 벌면, 대부분 착각을 한다. 시장이 지속적으로 상승하면서 매수하는 종목마다 수익을 줄 거라는 환상에 사로잡힌다. 그러나 주식을 오래 하다 보면 주식 시장은 상승장보다는 하락장이 더 많다는 사실을 알아야 한다.

다섯째, 매수보다 더 어려운 것이 손절이다. 손절을 안 하면 결국 늘어나는 보유 종목에 지치고 방향을 잃게 된다.

여섯째, 작은 손실(-3~-4%)에는 불안해하면서, 큰 손실(-20~-30%)에는 포기해 버린다는 것이다. 작은 손실에 보유해야 할지, 아니면 매도(손절) 해야 할지를 빠르게 판단해야 한다. 대부분 개인 투자자들이 실수하는 것이 작은 손실에서 망설이나 큰 손실이 발생하면서 종목을 포기하면서 장기 투자 종목으로 방향 전환을 한다는 것이다.

일곱째, 주식의 최종 결정은 본인이 하는 것이다. 어느 누구의 잘못으로 핑계를 대면 안 된다. 모든 판단과 결정을 본인이 하는 것이기에, 스스로 공부하고 분석하고 노력해야 한다.

그렇다면, 주가는 왜? 하락할까?

간단하게 이야기하면 매도세가 많으면 하락하게 되어 있다.

그러나 한 걸음 더 들어가 보면,

첫째, 대내외 악재 돌출로 국내 증시는 물론 글로벌 증시가 하락을 하면, 코스피 코스닥에 상장되어있는 거의 모든 종목이 하락한다. 이럴 때 개인투자자들은 극도의 공포와 불안감에 손절을 하게 된다. 물론 급락하게 되면 기관 외국인도 프로그램 반대 매도 물량(LOSS CUT)이 나오면서 주가 하락을 부채질한다.

그러나 여기서 알아야 할 것은?

갑작스러운 돌발 악재에 의한 급락은 거의 대부분 시간을 두고 되돌림을 준다는 사실이다. 그 이유는 시장이 아무런 준비 없이 급작스런 하락을 맞게 되면, 기관 외국인 개인 할 것 없이 모두가 손실을 보았기에, 다시 반등을 준다는 과거 사례에서 우리는 알 수 있다. 그래서 신용이나 스톡론을 쓰지 않는 것이 중요하다. 그리고 이런 상황에서는 담대하게 버티는 것이 확률적으로 수익으로 전환될 가능성이 높다는 것이다.

둘째, 보유 종목의 돌발 악재로 하락하는 경우에는 손절(손실을 보더라도 매도)을 해야 한다. 그 이유는 악재로 인한 급락(장대 음봉)과 대량 거래를 수반한다면, 그 종목은 쉽게 회복하지 못한다. 즉, 종목이 하락을 멈추고 다시 살아나기 위해서는 긴 시간이 필요하다는 것이다. 막연하게 보유하게 되면, 더 많은 기회비용을 잃을 수 있기 때문이다.

셋째, 수주가 꾸준히 나오고, 호재성 뉴스도 나오는 데 주가가 안 움직이는 경우가 있다. 오히려 호재성 뉴스가 나 온 이후 하락하는 경우도 가끔 발생한다. 그러면 대부분 투자자들은 짜증을 내면서 매도를 한다.

왜? 이런 재료와 뉴스에도 안 오를까?

온갖 짜증과 화를 내면서 보유 종목을 매도한다. 그러나 현명한 투자자라면 그 이면에 있는 시장 심리를 읽어야 한다. 호재성 뉴스와 재료가 발생했는데, 오히려 주가가 하락을 한다면, 대부분 개미 털기라고 보면 된다. 즉, 호재성 뉴스를 보고, 단기적으로 수익을 내 볼까 하고 들어온 선수들을 지치게 하고, 결국에는 큰 상승을 한다는 것이다. 따라서 이러한 상황에서는 주가가 안 움직인다고 무조건 매도하는 것은 가장 어리석은 매매 습관이다.

넷째, 차트 흐름 우상향 추세를 보이는 종목은 상승과 하락을 반복하면서 상승을 이어간다. 즉, N자형 상승을 줄 때는 상승과 하락이 일정 패턴을 주기 때문에 하락할 때 지지라인을 활용하면 수익을 극대화할 수 있다. 아래 표는 일반적인 패턴을 보여주는 그래프이다. 깊이 있는 내용은 다음에 다루도록 하겠다.

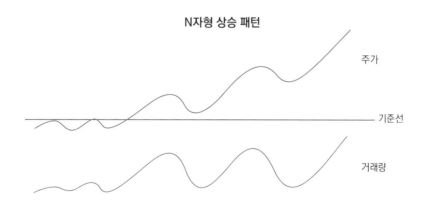

N자형 상승 패턴

주가

기준선

거래량

### N자형 하락 패턴

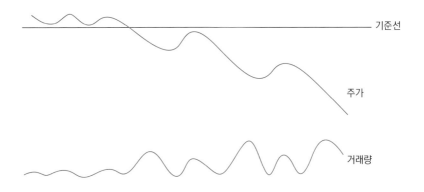

주식은 오래 하면 할수록 요물(妖物)이라는 것을 느낄 것이다.

투자자와 주식이라는 것이 참으로 애증의 관계이다.

상승할 때는 이처럼 기분을 좋게 하고 업(UP) 시키는 것이 없을 정도로 만사를 행복하게 만든다. 그러나 잘못된 판단으로 종목이 하락하거나, 생각지 못한 악재가 돌출하면서 시장이 급락하고, 보유 종목들이 추풍낙엽(秋風落葉)처럼 하락하게 되면 세상이 무너지는 것 같고 불안한 마음을 감출 수 없다. 예기치 못한 하락장에서는 본인 스스로 노력하고 분석해서 신중하게 매수한 종목이라고 해도 속절없이 하락하는 경우가 허다하다. 이러한 경우에는 더더욱 담대한 마음가짐이 중요하다. 모든 투자자들이 공포와 투매로 일관하는 미친장(폭락장)에서는 더더욱 정신을 바짝 차리고 냉정하게 시장과 종목을 보아야 한다. 과거 반복된 학습 효과에 의하면, 어떠한 폭락장과 대세 하락장이 오더라도 결국은 추가 상승을 하면서 더 큰 수익을 주었다는 사실이다. 그래서 '피터 린치'는 이렇게 강조한 것이다. 2006~2008년 미 증시 및 글로벌 증시를 흔들었던 미국 서브프라임 모기지 부실 사태에서 비롯된 불안감과 공포, 그리고 투매를 한 투자자들에게 그가 전하는 메시지는 '폭락을 이기는 방법은 시장에 머물러 있는 것'이라고 주문하였다. 정확하게 맞는 말이다.

필자는 보유한 종목이 깊은 조정을 주거나, 시장이 급락을 하면서 시장 대응이 어려울 때는 저절로 시인이 된다. 이전부터 수많은 명작과 명곡이 아픔과 슬픔, 그리고 고난 속에서 역작이 나오듯, 필자도 힘든 시간 속에서 나도 모르게 푸념 같지 않은 푸념이 떠 오른다. 주식하는 투자자라면 외롭게 길을 걸으면서 자기 자신을 자책하기도 하고, 혼자서 눈물도 흘려보기도 하고, 그리고 다시 마음을 추스르고 새롭게 시작한 경우가 많을 것이다. 이러한 감정과 경험을 토대로 쓴 평범한 내용이지만, 일정 부분 공감하면서 과거를 생각나게 하거나, 아니면 지금 나의 모습이라고 느끼는 분들도 있을 것이다. 필자는 조금이나마 마음의 위로가 될 수 있지 않을까 해서 글로 옮겨 보았다.

## 영원한 나의 벗(주식)을 사귀며…

우연인지?

아니면 필연인지?

오늘 나는 참 좋은(?) 벗을 찾았다.

벗, 친구(Friend), 참 친근한 단어이다.

기쁘나 슬프나 즐거우나 괴로우나 함께하는 벗이 있어 좋다.

그 벗은 다름 아닌 '주식'이다.

이 벗은 참으로 오지랖이 넓다.

온 동네 대소사를 다 참견하며 희로애락(喜怒哀樂)을 함께한다.

국내 문제는 물론 글로벌 정치·경제 문제까지 민감하게 고민한다.

전 세계 이장도 아니고 너무 세세하게 신경 쓰는 나의 벗이다.

그러다 보니 이를 벗으로 두고 있는 나 또한 매우 바쁘다.

친구 따라 강남 간다고 했다.

기분이 우울한 날 나의 벗이 상한가 한 방 쳐주면 우울한 기분은 싹 사라진다.

반대로 깊은 하락을 하면 왠지 기운이 축 처지고 우울해진다.

벗을 벗으로만, 친구를 친구로만 대해야 하는데…

이 벗은 나의 감정까지 깊게 파고든 그런 벗이다.

그래도 나는 이 벗이 있어서 참 좋다.

왜냐하면, 이 벗은 나에게 매일매일 기대감을 주기 때문이다.

참 좋은 나의 벗…

언제나 영원하길 ~

### Ps

여러분들도 주식이라는 벗으로 인해 상처받지 말고 항상 기쁨과 행복이 가득하길 기원한다. 그러기 위해서는 스스로 노력해야 한다. 올바른 투자 전략과 매매 습관으로 손실은 작게 수익은 크게 낼 수 있도록 해야 한다. 그래야 오랫동안 좋은 벗을 옆에 두고 살아갈 수 있기 때문이다. 벗이 원수가 되지 않기를 진심으로 기원한다.

솔지담이 여러분들을 위해 성공투자 지침을 조언하겠다.

1. 한 종목에 몰빵은 절대 하지 말자(한 종목에 비중은 최대 30%를 넘기지 말자).

2. 투자금에 따라 다르지만, 보유 종목은 5~10종목 이내에서 하자.

3. 매수는 분할 매수를 꼭 하자. 한 번에 매수하는 습관은 바람직하지 않다.

4. 종목을 매수하기 전에 반드시 체크해야 할 사항이다.

   • 기업의 재무제표를 확인하자(매출액, 영업이익, 부채비율, 유보율 등).

   • 최소한 한 개 정도의 보조지표 확인하자(RSI, MACD, Stochastic 등).

   • 기업의 업황을 확인하자. 현재 주식 시장에서 주도주 섹터인지 확인하자.

   • 기관, 외국인의 수급을 확인하자. 수급이 있으면 주가가 상승할 가능성이 높다.

   • 기업의 뉴스와 공시를 꼼꼼히 확인하자.

# 나의 다짐

어제도 하락~

오늘도 하락~

주식 시장은 나의 아픔 마음을 아랑곳하지 않고 허무하게 하락만 한다.

하락장에 나의 보유종목들은 시퍼런 물감을 들여놓은 듯하다.

나의 계좌 손실은 눈덩이처럼 늘어만 가는구나.

......................................

오늘도 어제처럼 소주를 벗 삼아 마음을 달래 본다.

시장이 폭락한다고 괴로워하지 말자.

보유 종목이 하락한다고 포기하지 말자.

"하락은 영원하지 않다." 나 스스로 다짐해 본다.

"이 또한 지나가리라." 나 스스로 위로해 본다.

어제도 하락했고 오늘도 하락하지만 좌절하지 말자.

"좌절은 살아 있다는 증거이기 때문이다."

동트기 직전이 가장 어두운 법이다.

아니 쥐구멍에도 볕 들 날이 있다고 했다.

으랏차차~

기운 내자!

내일 또 주식 시장은 열리고, 이 힘든 시간은 역전되리라~

**Ps**

주식을 하다 보면, 수익을 줄 때도 있지만, 하락할 때가 더 많은 법이다. 그러다 보니, 하락으로 인한 경제적 손실을 직접 경험하게 될 것이다. 그럴 때 본인 스스로 판단해서 결정한 것이라 누구에게 하소연할 수도 없고, 마음 둘 곳도 없는 것이 사실이다. 그래서 작은 위로가 필요한 것이 주식 시장에 참여한 투자자들일 것이다.

그렇다면 주식 시장에서 돈을 안 잃으려면 어떻게 해야 하나?

정답은 하나다. "주식을 안 하면, 돈을 안 잃는다."

너무나 자명한 말이다.

반대로 주식 시장에서 돈을 벌려면 어떻게 해야 하나요?

정답은 없다.

그러나 방법은 있다.


1. 운(運)이 따라야 한다. 운(運)도 실력(實力)이다.

2. 동물적 감각이 필요하다.

3. 국내는 물론 해외시장을 보는 눈(分析 能力)이 있어야 한다.

4. 기업(종목)을 분석(分析)할 줄 알아야 한다.

5. 나만의 보조지표를 활용할 줄 알아야 한다.

6. 위 내용, 해당하는 것이 없다면…

7. 지금부터 공부하자!

8. 안일한 생각을 버리고 노력하자!

## '나'라는 인간, 주식 참 못한다. 그러나~

손만 대면 실패하고, 매수를 했다 하면 하락하니…

'나'라는 인간은 안 되는 것일까?

나 스스로 자괴감과 허탈감에 헛웃음이 나오는 날이다.

2,100개가 넘는 종목 중에 왜? 내가 사는 종목은 하락을 밥 먹듯이 할까?

수익주는 종목보다 손실 중인 종목이 더 많은 나의 계좌

보면 볼수록 답답한 심정을 어찌할 바를 모르겠다.

……………………………………………………

오늘은 큰 기대를 갖고 자신 있게 한 종목을 매수했다.

우와~

20% 급등

천하(天下)를 얻은 기분이다.

그래 '나'란 인간 억수로 운(運)이 없는 것이 아니야~

오늘은 가족을 위해 치킨이라도 하나 사가야겠다.

그래 인생은 돌고 도는 거야~

지금 나를 힘들게 하는 것~

이 또한 지나가리라~

**Ps**

주식이라는 것이 쉬운 듯 어려운 것이 사실이다. 그러다 보니 주식으로 울기도 하고, 웃기도 하는 나날들이 많을 것이다. 특히 전업으로 주식 투자를 하는 분들이라면 더더욱 공감하는 부분이 많을 것이다.

주식 시장은 모순으로 시작해서 모순으로 끝나는 복잡한 심리 게임이다. 경제 신문을 보면, 언제는 환율이 올라서 주가가 올랐다고 하고, 또 언제는 환율이 올라서 주가가 내렸다고 한다. 어느 장단에 맞춰서 매매 타이밍을 잡아야 할지, 참으로 아이러니하다. 주식 시장에서 많은 정보와 지식을 가진 투자자도 중요하지만, 주식 시장의 생리(심리)를 잘 이해하고 활용할 줄 아는 사람이 일반적으로 웃는다.

'A라는 종목'의 주가가 하락할 때, 모든 투자자들이 그 종목을 매도로 일관하면서 주가를 하락시키지만, 역발상이라고 할까? 오히려 저가 매수 기회로 보고 매수를 하는 투자자도 있다. 참으로 주식은 오묘한 게임이다. 하나의 주가를 보고, A투자자는 바닥이라고 매수하고, B투자자는 추가 하락한다고 매도하니 말이다.

과연 매수/매도의 승자는….

승자는 심리적으로 많은 투자자들이 선택한 쪽(매수 또는 매도)이 승자이다.

"정답은 없다."라는 것이다.

# 킬리만자로의 개미(노래 개사)

종목을 찾아 이곳저곳을 어슬렁거리는 개미들을 본 일이 있는가?

급등 종목만을 찾아다니는 주식 시장의 개미는 주식투자가 아니라 환상이고 싶다.

자고 나면 하락하고, 자고 나면 하락하는 보유종목.

주식 시장의 어두운 객장에서 잠시 쉬고 싶다.

욕심과 탐욕으로 가득 찬 주식 객장.

어디에도 나의 보유종목 상한가(상승)는 없다.

외로운 주식 시장 한복판에서

이렇듯 철저히 개미만 손실을 보다니…

ㅠㅠ

그래도 이 순간 참고 견뎌 보련다.

나보다 더 불행하게 살다 간 깡통계좌도 있었는데…

상한가인가~

하한가인가~

저 높은 곳 주식 시장…

오늘도 나는 보유종목을 등에 메고

주식 시장에서 만나는 기관(외국인)의 눈치를 보며 살아간다.

그래도 나는 보유종목을 믿고 살아가련다.

오늘도 나는 내일 장을 기대하며 편히 쉬련다.

꿈을 먹고사는 주식 시장을 위하여~

파이팅~

---

**Ps**

개인 투자자들이 가장 많이 실수하는 것은?

증권 방송 전문가나 주변 지인이 '이 종목 대박'이라고 하는 종목에서 대부분 실수를 한다. 대박이라는 단어에 물 불 안 가리고 '비중 확대'를 하기 때문이다. 대박주는 대박 날 수도 있지만, 쪽박 될 수도 있다. 여러분들 귀에 도달하는 종목은 이미 다 아는 사실(내용)이고, 대부분 설거지할 때 접하게 됩니다. 즉, 막차를 타는 경우가 많다는 것이다.

따라서 솔지담이 팁을 주자면…

1. 어느 한 종목에 몰빵 하지 말자!

2. 어느 한 업종(섹터)에 나의 포트를 다 담지 말자!

3. 아무리 자금이 적더라도 한 두 종목에 몰빵 하지 말자.

4. 몰빵은 나의 욕심에서 시작합니다.

5. 주식에서 '욕심내는 만큼 손실도 발생한다는 점' 꼭! 명심하자.

# 보유계좌 보며 소주 한 잔

반복되는 일상 속에 나는 오늘도 미소와 괴로움이 교차하는 하루이다.

매수나 매도 아니면 보유 그리고 관망이라는 피 말리는 생각과 결정 속에

나는 외로운 판단과 숨 막히는 결정을 해야 한다.

어제처럼 오늘도 보유계좌 보며 한 잔의 소주를 기울인다.

야속하게 매도 치고 떠나는 외국인(기관)의 옷자락을 잡아보려 애쓴 하루였다.

주식 시장은 나의 바람을 저버리고 그저 깡통소리만 요란하다.

시장 하락에 속절없이 떨어지는 나의 계좌 잔고는 내 가슴을 후벼 판다.

나와 동거동락(同居同樂)한 보유종목들은 신용의 반대 매도 속에서 나의 꿈은 깨지는구나.

아! 누구를 원망하랴~

시장 하락이 나를 괴롭히고, 신용 반대 매도가 나를 또 아프게 하는구나.

늘어나는 손실과 캄캄한 나의 계좌, 이를 어찌해야 할까?

애증(愛憎)의 이 현실을…

어찌해야 할꼬~

야속한 주식 시장은 오늘도 이렇게 나의 작은 꿈을 짓밟고 가는구나.

하늘 한번 보고…

미소 한번 짓고…

강한 파도가 강한 어부를 만든다고 했다.

이번 실수를 다시는 반복하지 않기 위해서, 더 노력하고 매진하리라~

준비된 자를 위해 주식 시장은 내일 또 열리리라~

### Ps

주식 투자라는 것이, "9번 잘해도 한번 잘못하면 한방에 훅 간다!". 주식 투자는 한 번 두 번 정도는 운으로 수익은 가능하지만, 반복적으로 운에 의한 수익은 나 올 수 없다. 따라서 주식은 '위험관리'가 기본이다. 그다음에 철저한 준비(準備)와 분석(分析)을 통해 시장에 접근해야 한다.

주식은 싸게 사서 비싸게 팔면 되는 아주 간단한 진리이다. 즉, 수익을 내는 것이 중요하며, 모든 투자자들이 수익을 위해 도전한다. 그러나 우리는 잊고 있는 것이 있다. 바로 손실을 적게 내는 매매 습관을 가져야 한다는 사실이다. 왜? 수익보다 손실이 더 중요할까? 그 이유는 간단하다. 투자금 1천만 원을 2천만 원 만드는데 100% 수익을 거두어야 가능하다. 그러나 2천만 원을 1천만 원으로 손실 보는 것은 달랑 50% 하락만 하면 반 토막이 된다. 그래서 주식의 가장 기본은 위험관리(危險管理)가 우선 되어야 한다.

# 만남<sub>(노래 개사)</sub>

주식 시장과 만남은 우연이 아니야

보유종목은 우리의 바램이었어

후회하기엔 너무 늦은 나의 운명이었기에

포기할 수 없으니 영원히 함께하리~

돌아보지 말아~

후회하지 말아~

아~

바보 같은 눈물 보이지 말아~

사랑해 사랑해 보유종목을 사랑해

하락하지 말아~

급락하지 말아~

아~

나약한 나의 눈물 보이지 말아

사랑해 사랑해 보유 종목을 사랑해

사랑해 사랑해 주식 시장을 사랑해

**Ps**

주식이라는 웬수를 만나게 된 것은 아마 많은 이유와 변명이 있을 것이다. 누구는 주식으로 기쁨을 얻고, 누구는 주식으로 아픔을 겪었을 것이다. 그러나 기쁨과 아픔이 영원하지 않다는 것이다. 돌고 도는 것이 인생이듯, 주식이라는 것도 수익과 손실이 반복되게 되어 있다. 따라서 지금 바로 눈 앞의 상황에 일희일비(一喜一悲)하면 안 된다. 주식투자를 하는 초보자라면 반드시 알아야 할 것은 '매수하자마자 주가가 오를 것이라는 착각을 하면 안 된다'이다. 어느 한 종목을 사면 바로 오를 수도 있지만, 긴 시간 횡보할 수도 있고, 하락할 수도 있기 때문이다. 따라서 주식을 할 때는 담대함과 기다림의 끈기도 있어야 한다.

여러분들은 주식 시장에 항상 이기는 게임을 하길 원한다.

확률이 높은 이기는 게임을 원 한다면…

1. 신중하게 매수한 종목이 실적이 좋고, 숨은 재료가 존재하고, 수급이 들어온다면 기다리는 전략이 필요하다.

2. 순간적인 충동과 근시안적 종목 선정과 시장을 본다면, 매수하는 순간부터 초조하기 시작한다. 그러면 주식이라는 심리 게임에서 패할 확률이 높다. 주식은 철저한 분석과 정보 수집이 필수이다.

3. 계좌를 살찌우는 매매전략은 단타보다는 중·장기 투자매매이다. 물론 중·장기 보유종목은 기업의 가치, 업황, 재무상태 및 성장성 등 고려해야 할 사항이 많다.

# 봉선화 연정(노래 개사)

손대면 퍽 하고 하락할 것만 같은 보유종목

하한가라 부르리~

더 이상 참지 못할 종목을 생각 없이 손절하고

허탈한 나의 고백에 내 가슴이 멍멍하네

터지는 화산처럼 막을 수 없는 보유종목 연정

손대면 훅 하고 오를 것만 같은 관심종목

상한가라 부르리~

더 이상 참지 못할 종목을 생각 없이 매수하고

기대하며 혼자 기도하면서 상승해라 말해도

무정한 매수 종목 상승을 안 하네~

**Ps**

주식투자자라면 누구나 매수한 종목이 바로 상승하기를 바란다. 아니 멋지게 상한가에 안
착하기를 바라는 것은 모두의 바람이다. 그러나 현실은 그렇지 않다는 것이 아쉽고 안타까
운 일이다. 주식을 하면서 수익을 얻기 위해서는 좋은 종목을 골라서 저가에 사서 고가에 팔
아야 한다. 그러기 위해서는 시장에 참여한 불특정 다수와 심리 싸움을 해야 한다.

주식을 하는데…

왜? '심리'라는 단어를 자주 사용할까?

주식은 차트, 거래량, 수급, 보조지표, 시황 등 많은 것들이 존재한다.

그러나 가장 중요한 팩트는 바로 심리이다.

치열하고 냉정한 주식 시장 안에는 여러분들이 모르는 많은 변수와

속임수가 산재해 있다.

따라서 여러분들께 묻고 싶다.

1. 단순하게 충동적으로 매매를 하는 것이 올바른 선택인가?

2. 공포스러운 하락장에서 투매를 하는 것이 현명한 선택인가?

3. 순간적인 불안과 초조로 현시점에서 매수(매도)를 해야 하는가? 등

주식투자자라면 매일매일 반복되는 어려운 문제들이 있다.

그래서 현명한 투자자라면 매 순간마다 흥분을 가라 앉히고 충동 매매

가 아닌, 자기 자신에게 질문과 대답을 통해 '냉철하게 시장과 종목을

읽고' 보다 효율적이고 현실적인 외로운 선택을 해야 한다.

그것이 바로 주식 시장이다.

주식 시장에서 심리란?

말로 표현할 수 없는 자신만의 생각(결정)이다.

차트를 보고 현재의 캔들 모양과 위치가 상승할 것인가? 아니면 하락할 것인가?

투자자는 상반된 두 개의 결론(방향)을 얻기 위해 매 순간 고민을 한다. 본인의 결정에 따라 희비가 엇갈린다.

이렇듯 주식은 자신과의 외로운 심리 게임이다.

주식 시장에서 살아 남기 위해서는 양질의 정보를 확보하는 것이 중요하다. 따라서 본인은 물론 주변의 인적 네트워크를 최대한 활용해야 이길 수 있다.

행불무득(行不無得)이라는 4자 성어가 생각난다. 행함이 없으면 얻는 것이 없다는 뜻이다. 즉, 반드시 일한 만큼 대가가 주어진다는 말이다. 주식도 마찬가지이다.

본인의 지속적인 노력이 필요한 심리 게임이라는 점 명심하기 바란다.

주식을 하면서 지친 분들에게…

노자 왈 "무서운 파괴력을 가지고 있으면서도 겸손하고 부드럽게 흐르는 물처럼 살라."라고 했다.

물은 순응하듯 유연하다. 물은 그릇 모양에 따라 순응하며 그릇 모양에 몸을 맡긴다. 물은 어느 상황에서도 본질은 변하지 않지만, 주변 상황에 순응을 잘한다.

주식하는 분이라면 시황을 분석하고 시장 트렌드에 따라가는 자세가 필요하다.

물은 연약한 듯 보이지만, 무서운 힘을 갖고 있다. 물은 평상시에는 골이 깊던 얕던 유유히 흘러간다. 그러나 맘만 먹으면 바위를 깨고, 산을 무너트릴 정도로 어마어마한 힘을 갖고 있다.

주식을 하는 이유는 계좌를 살 찌우기 위해 한다. 그러나, 대부분 투자자들은 기업실적과 관계없는 급등 종목에 몰빵을 즐겨한다.

결과는 주식 투자를 해본 개인투자자라면, 한두 번 깡통계좌를 경험하였을 것이다.

주식은 투자자의 마음먹기에 따라 삶을 윤택하게도, 또는 삶을 피폐하게 만들기도 한다.

# 01 주식 시장의 역사

주식(株式, Stock, Share)이란?

주식은 채권(債券, Bond, Fixed Income Security)과 함께 현대적인 금융자본주의의 정수(精髓)이자 필수 요소이다. 주식회사의 자본을 이루는 단위 및 그것을 나타내는 증서이며, 주식회사는 이것을 발행해서 자본을 투자받은 회사이다. 개인이나 단체가 특정 회사에 일정 금액을 투자해주고 그 대가로 정해진 기간마다 투자금에 걸맞은 이득을 취한다. 예를 들면 투자금에 비례하는 이익을 배당받거나 회사 경영권을 행사할 수 있게 하는 제도이다. 즉, A 회사에 100만 원을 투자했다면 A 회사에 100만 원에 해당하는 경영권을 행사할 수 있게 된다. 회사 규모에 따라 그 100만 원이 0.1% 일 수도 있고, 1% 일 수도 있다. 다른 말로 하면 자신이 가진 주식의 비율대로 A 회사를 소유한다는 뜻이다.

증권시장에 상장된 주식은 주로 증권사를 통해서 매매되며, 증권사는 매매수수료를 받는다. 물론 비상장업체의 주식은 일반적으로 증권사를 통하지 않고 다른 방법으로 매매된다. 수수료는 업체마다 조금씩 다르다.

주식의 종류는 보통주와 우선주로 구분하는 것이 일반적이다. 보통주의 경우 말 그대로 경영에 참여하는 주주의 권리(의결권)를 갖는 주식이고, 우선주는 배당을 조금 더 높게 받거나 먼저 받거나 하는 대신 의결권이 없는 주식이다.

일반적으로 기업이 자금을 조달하기 위해서는 대표적으로 3가지 방법을 이용한다.

첫 번째는 은행에서 돈을 빌리는 차입(借入), 두 번째는 시장에서 돈을 빌리는 채권(회사채), 그다음은 주식을 발행하는 증자이다.

기본적으로 차입 〉 채권 〉 주식 순으로 자금조달을 하게 되며, 뒤쪽으로 갈수록 재무상태가 나쁜 기업으로 평가되곤 한다.

옛날 옛적 역사적으로 보면 주식, 그리고 주식회사의 개념과 유사한 것은 고대 로마까지 거슬러 올라가서 발견할 수 있다. 그러나 현대적 의미로는 19세기에 들어서서 본격적으로 발달하기 시작하였다. 마르크스는 미래에는 주식회사가 자본주의를 지배할 것이라고 최초로 예견한 사람이며, 자본론에서도 주식회사에 대해 상세하게 다루고 있다.

주식의 주된 목적은 추진하는 사업의 성공과 실패를 수많은 주주들이 참여하여 성공에 대한 수익을 공유하고, 실패에 대한 위험을 분산하는데 그 목적이 있다. 예를 들면, 초기 자본금 100억의 투자금이 필요한 사업을 혼자서 설립을 하게 되면, 사업 진행에 따른 모든 성공과 실패를 혼자 감당해야 한다. 즉, 혼자 전액 투자해서 운영하다 회사가 망해 버리면, 개인 혼자 100억의 손실이 발생하지만 10명의 주주가 각각 10억 원씩 투자를 하게 된다면 실패를 한다 해도 각 개인이 10억 원의 손실만 발생하게 되는 것입니다. 이렇게 함으로써 투자 리스크를 낮추고 성공에 대한 수익도 함께 나누는 것이 가장 큰 목적이다.

부연해서, 주식의 역사에 대한 생각을 조금 더 해 보겠다.

주식의 역사는 한참을 거슬러 올라가야 한다.

오늘날과 같이 자본주의 시장 경제를 발달시키는 데 중요한 역할을 해 온 다양한 제도들이 있었으며, 이런 제도들이 발전하면서 국가와 경제가 발전하게 되었다. 아주 오래전부터 적극적으로 경제 활동을 할 수 있게 동기부여를 제공한 것이 바로 사유재산 제도이며, 이러한 사유재산 허용을 통해 값싼 제품을 대량으로 생산하고 공급해 주는 회사를 손쉽게 설립할 수 있게 만들어준 주식회사 제도 등이 지금의 번영된 경제를 이루는 기초가 되었다. 많은 대부분의 사람들이 이런 일련의 제도들이 근현대(近現代)에 와서야 도입된 것으로 알고 있으나, 현재 자본주의 시장경제에서 활용되고 있는 수많은 제도는 이미 로마시대에 도입하여 사용한 것들이 많다.

로마제국은 오늘날의 어떤 국가와 비교해도 손색이 없을 정도로 완벽한 시장 경제체제를 갖춘 나라였으며, 로마인들 역시 오늘날 그 어떤 CEO 못지않게 유럽 대륙을 돌아다니며 자유롭게 경제 활동을 수행하였다. 로마 역시 오늘날 영국 런던이나 미국 뉴욕과 같은 금융 중심지의 역할을 담당하였다고 보아도 무방하다. 고대 로마에는 퍼블리카니(Publicani)라는 조직이 존재했다. 이것은 현대로 말하면 일종의 법인체였는데, 조세기능 외에도 로마의 신들을 위한 신전 건립 등의 기능을 담당했다. 퍼블리카니(Publicani)는 현대의 주식회사라고 완벽하게 부를 수 없지만, 주식회사의 개념이 들어 있고, 책임질 사람들이 업무를 담당하고, 수시로 성과를 나타내는 재무제표를 공개하는 등의 업무를 수행하였다. 그래서 일반적으로 퍼블리카니(Publicani)를 보통 주식회사의 기원으로 보고 있다. 역사 기록에 따르면, 퍼블리카니(Publicani) 역시 주식(유가증권)과 비슷한 형태의 물건을 발행했는데, 이 역시 현재 주식처럼 거래되었다고 전해진다.

학창 시절에 많이 배우고 들었던 '동인도 회사(근대적 주식회사의 시작)'를 살짝 짚어보고 가겠다. 근대 열강들은 아프리카, 인도 및 동남아 지역을 서로 먼저 개척하기 위해 막대한 자금이 필요했고, 그 자금을 끌어들이기 위해 투자자들을 모집했다. 특히 동남아 지역을 활발히 개척했던 네덜란드(Kingdom of the Netherlands)가 최초로 주식회사 개념을 동인도회사(East India Company, 東印度會社)에 적용했다고 알려져 있다.

동인도회사는 17세기 초 영국·프랑스·네덜란드 등이 자국에서 동양에 대한 무역권을 부여받아 동인도에 설립한 무역회사의 통칭이다. 네덜란드는 1602년 동인도회사를 설립하였다. 당시 동남아의 패권을 쥐고 있던 스페인과 포르투갈이 몰락하고, 신흥 해양대국의 기치를 내건 영국과 프랑스, 네덜란드 등이 신대륙과 동남아 등지에서 치열한 경쟁을 벌이고 있었다. 동인도회사는 이름 그대로 회사의 기능을 수행했지만, 실제로는 상대 국가들의 선박을 무차별적으로 공격할 수 있는 등 무력적인 권한도 함께 지니고 있었던 집단이었다. 당시에는 항해기술이 상당히 발달했던 시기였지만, 동인도회사의 망망대해에서의 항해는 당시로써도 상당히 위험(리스크) 부담이 있었다. 그래서 상시 후원을 해줄 수 있는 소수의 투자자가 필요했고, 투자를 하고 후(後)에 탐험이나 교역 등이 성공했을 때 그 투자금액을 투자비율로 나눠 지급하는 방식이 탄생하게 되었다. 그래서 당시에도 투자자들은 투자한 비율만큼 권리 증서(지금의 유가증권)를 받을 수 있었고, 동인도회사의 교역이 성공해서 이익이 나오면 투자한 금액만큼 이를 배분받을 수 있었다.

동인도회사의 흥행은 유럽에서 주식회사 설립의 붐을 일으켰고, 결국 16~17세기 유럽에는 상당히 많은 주식회사들이 생기기 시작했다. 실제로 영국에는 1690년대 대규모 주식회사 설립 붐이 일어났으며, 여기저기서 회사를 설립할 때 주식회사의 형태로 설립을 하고, 주주를 모아 회사를 구성하는 열풍이 불었다. 로마시대부터 시작한 주식 시장은 미국에 와서 그 꽃을 활짝 피우게 되었다.

1602년 세계 최초로 개장한 증권거래소는 네덜란드 암스테르담 증권거래소이다. 이후 190년이 지난, 1792년 5월 17일 증권 중개업자와 상인 24명이 모여 월가(Wall Street) 68번지 버튼우드 아래서 증권 거래방법, 수수료율 등을 정한 협정에 서명하면서 NYSE(The New York Stock Exchange, www.nyse.com, 미국증권거래소)가 탄생하였다.

짧은 역사를 가진 미국의 주식 시장은 역사와 전통의 유럽 증시를 제치고 오늘날 세계 경제의 중심지가 되어 있다. 또한 미국의 증시는 다양한 시장 예측 이론과 투자왕들을 탄생시키면서 숱한 일화와 전설을 만들어 가고 있다.

세계 금융의 중심지인 월가(街)에서 글로벌 금융의 심장과 같은 역할을 하는 게 바로 뉴욕 증권거래소(NYSE)이다. 특히 '빅 보드(Big

Board)'란 별명으로 불리는 NYSE의 개장 벨은 미국을 찾은 세계 각국 정상과 명사들이 누르는 게 정례화돼 있을 정도로 상징성이 있다.

우리나라는 1920년 일제강점기 때 서울 명치정(명동)에 '경성주식현물거래시장'이 설립되었다. 당시 일본 식민지하에서 우리 국민(조선인)들에게 일확천금의 꿈을 품게 한 금융 중심지였다. 산업시설이 없던 일제 시대에 주식 시장은 그야말로 투기판이었다. (물론 지금도 투기판이지만…) 1930년대 3대 투기사업은 금광, 기미(期米: 미곡 거래), 주식이었다. 기미란 장기 거래를 목적으로 매매되는 양곡을 뜻하며, 기미는 미두시장(米豆市場)에서 거래되었다. 1896년 최초의 미두시장인 미두취인소(米豆取引所)가 문을 연 곳은 인천이었다. 인천에 거주하고 있는 일본인들이 조선에서 생산되는 미곡을 일본으로 반출하기 위해 주식회사 인천미두취인소를 열었던 것이다. 식민지에 공장을 세울 자본이 없었던 일제는 식민지 최대 산업인 쌀을 투기상품으로 만들어서 1930년대까지 기미가 3대 투기사업이 된 것이다.

당시 미두시장의 거래 형태는 지금의 주식 시장처럼 선물(先物)거래와 현물거래가 있었다. 미래의 일정한 시기에 미곡을 넘겨주겠다는 조건으로 계약하는 미곡이 기미였다. 그래서 당시에는 선물거래를 청산거래(淸算去來), 투기거래(投機去來)라고도 불렀다.

주식투자를 할 때는 시장의 흐름을 읽는 것이 중요하다. 대세 상승기에는 적극적인 투자를 통해 수익률을 극대화해야 하고, 대세 하락기에는 보수적으로 접근하거나 한 발 뒤로 물러나 있는 것도 하나의 방법이다. 상승장에 주도 섹터를 파악하지 못하면, 쉽게 수익을 낼 수 있는 장에서 상대적 박탈감을 갖게 될 수도 있다. 따라서 시장을 정확히 분석하고 주도하는 업종의 종목을 매수하는 지혜가 필요하다.

시장의 흐름을 판단하는 방법으로는 글로벌 정치·경제를 이해하는 것에서부터 시작한다.

그다음 우리 경제와 주식 시장을 파악하고, 그래프와 보조지표를 활용해서 시장과 업종을 분석하고 접근해야 한다.

글로벌 정치·경제와 우리 경제 및 주식 시장은 수많은 정보 매체(뉴스와 신문, 증권사 리포트, 증권회사 상담 직원, 증권방송, 포털사이트 등)

를 통해 접근할 수 있다. 다만 그런 정보 홍수 속에서 나의 것으로 만드는 노력은 쉽게 되는 것은 솔직히 아니다. 어느 정도 공부도 해야 하고, 분석할 수 있는 능력도 필요한 것이 사실이다. 따라서 여기서는 그래프(차트)를 통해서 시장을 읽는 방법을 찾아보도록 하겠다.

## 1. 시장의 큰 물줄기 찾기

### 1) 상승장과 하락장은 월봉으로 판단한다

주식 시장의 상승장과 하락장을 판단하기 위해서 그래프를 이용한다면 장기 그래프(월봉차트)를 참고해야 한다. 장기적인 흐름은 월봉차트를 기본으로 하면서 주봉차트를 보조로 활용한다. 대세 상승장에서 주가는 일직선으로 상승하는 것이 아니라, N자형 파동을 보이면서 계단식 상승을 한다. 전형적인 대세 상승장의 차트를 뉴욕 3대 지수 중의 하나인 S&P500지수 차트를 보면, 수년간에 걸쳐 N자형 상승을 보여 줌을 알 수 있다.

**S&P500지수 월봉차트**

## 2) 시장 흐름에 따른 특징과 전략

| 시장 흐름 | 주식 시장 특징 | 주식 시장에서 매매 전략 |
|---|---|---|
| 강세장 | - 고객예탁금 증가<br>- 신용 미수 금액 증가<br>- 거래량 및 거래대금 증가<br>- 외국인, 기관의 매수강도 증가<br>- 각 종 경제지표 호조세 유지 | - 지수 관련 대형주 중심의 포트 구성<br>- IT기반(삼성전자, SK하이닉스 등)<br>- 제약바이오(셀트리온, 한미약품 등)<br>- 건설, 조선, 철강, 금융 등 대형주 |
| 횡보장 | - 고객예탁금 증가세 둔화<br>- 신용 미수 금액 증가세 둔화<br>- 거래량 및 거래대금 증가세 둔화<br>- 외국인, 기관 매수강도 약화 | - 우량한 중소형 중심의 포트 구성<br>- 실적주, 성장주, 개별 이슈 테마주<br>- 중장기 투자보다는 단기 스윙매매 유효<br>- 개별 이슈에 빠르게 대응하는 전략 필요 |
| 약세장 | - 고객예탁금 감소<br>- MMF 자금 증가<br>- 거래량 및 거래대금 위축<br>- 외국인, 기관 매도세 강화<br>- 공매도 증가<br>- 각종 경제지표 약화 | - 보수적인 접근 필요<br>- 현금 비중 확대 전략 유효<br>- 투자보다는 단기 트레이딩 전략<br>- 단발성 테마 극성 장세<br>- 거래가 없던 소형주 중심의 불나방 매매 |

## 3) 거래소 월봉차트를 통한 시장 흐름 분석

- A구간: 미국의 금융위기 이후, 다양한 시장 친화 정책에 글로벌 증시와 동반하여 상승

- B구간: 글로벌 증시가 상승 랠리를 보일 때, 국내 증시는 답답한 박스권 흐름을 보인 시기

- C구간: 삼성전자와 SK하이닉스 등 거래소 대형주 중심의 상승 시기

- D구간: 미 연준의 금리인상과 트럼프의 보호무역 강화에 시장이 하락한 시기

## 4) 주식 시장의 라이프 사이클

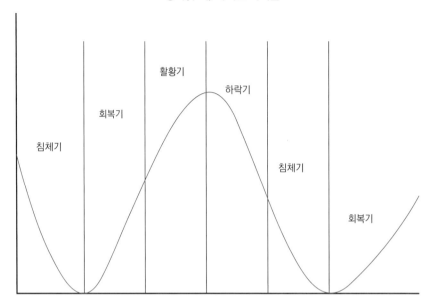

경기(주식) 라이프 사이클

- **침체기(바닥 확인 및 상승장 초입 국면, 매집 시작):** 동트기 전이 가장 어둡다고 했다. 침체기에서는 기업 환경 및 경제 전망에 대한 기사가 대부분 비관적인 내용으로 도배를 한다. 그러다 보니 개미 투자자들은 미래에 대한 불안감과 추가 하락에 대한 공포로 투매를 하면서 시장을 떠난다. 그러나 그 이면에 전문 투자자들은 저가에 매집을 하는 시기이다.

- **회복기(바닥 탈피 및 상승 랠리 진행, 강세장):** 기업 이익이 증가하고 경제 여건이 좋아지면서 시장 참여자 대부분이 수익을 창출할 수 있는 시기이다. 이 시기에는 호재에 민감하게 반응을 하면서 강한 상승을 보여 주고, 악재에는 별로 반응을 하지 않는다. 우리는 이런 기회를 놓쳐서는 안 되고, 속된 말로 눈감고 사도 수익이 나는 시기라

고 말한다.

- 활황기(과열국면, 전문 투자자 매도 시작): 기업 및 경제 지표가 호조를 보이면서 각종 매스컴에서 시장에 대한 부풀리기 뉴스가 넘쳐나기 시작한다. 특히 주식에 관심이 없는 주변 사람들이 주식을 하기 시작하면, 시장이 최정점에 다다랐구나 인식해야 한다. 모두가 환호하고 박수 칠 때 떠날 준비를 해야 한다. 그 시기가 바로 활황기이다.

- 하락기(약세 시작 및 공포 국면, 공매도 증가. 개인 투자자 저가 매수 기회로 착각): 전문 투자자들은 시장의 과열을 감지하고 차익 실현 후 시장을 빠져나가지만, 개인 투자자들은 조정으로 착각하고 저가 매수를 한다. 그러나 경제 지표 및 기업 실적 악화 뉴스가 반복적으로 나오면서 증시가 급속도로 위축되고 하락을 한다.

## 1. 기본적인 용어 이해하기

### 1) 캔들이란?

주식을 하게 되면 캔들(양봉, 음봉)이라는 단어를 밥 먹듯이 듣게 된다. 주식을 하면서 캔들이라는 것을 이해 못 하고 접근한다면, 돈에 관심이 없는 투자자이거나 무소유를 실천하는 분일 것이다. 한 마디로 돈을 길에 그냥 뿌리는 행동과 똑같다 라고 생각하면 된다. 그만큼 캔들을 이해하는 것이 주식의 첫걸음이라는 점을 명심해야 한다. 캔들을 제대로 이해하고 숙지하기 위해서는 캔들의 기본 형태와 색깔 등에 담긴 의미를 정확히 알아 두어야 한다. 저자는 지금부터 캔들을 아주 쉽게 설명해 보도록 하겠다.

주식 시장은 오전 9:00~오후 3:30까지 거래가 된다. 점심시간 없이 주식 시장이 6시간 30분 거래가 되며, 시가란 당일 주식거래 시작하는 가격, 종가란 주식 시장이 끝날 때 형성된 가격을 의미한다. 캔들은 시가와 종가, 고가와 저가로 구분된다. 이들을 양초 모양처럼 표현한 것이 캔들 차트이다. 여기서 양봉이란 시가보다 주가가 위로 올라가서 종가가 마감될 경우를 말하며, 음봉이란 시가 밑으로 가격이 형성되어 마감된 경우를 의미한다.

- **시초가(시가)**: 하루의 주식 시장이 열리면서 형성된 처음 가격

- **종가**: 하루의 주식 시장이 끝나면서 형성된 마지막 가격

- **고가**: 하루 중 가장 높이 형성된 가격

- **저가**: 하루 중 가장 낮게 형성된 가격

- **몸통**: 시가와 종가로 구성된다. 시가보다 종가가 올랐을 경우 양봉(붉은색)이라 하고, 시가보다 종가가 떨어졌을 경우 음봉(파란색)이라 한다.

- **꼬리**: 장중에 시가나 종가를 벗어나는 가격을 의미한다.

- **양봉**: 시가보다 종가가 높게 끝난 경우 붉은색 캔들(봉)로 표현한다. 시가보다 종가가 높다는 것은 매수하고자 하는 세력이 매도하고자 하는 세력보다 강하다는 의미이다.

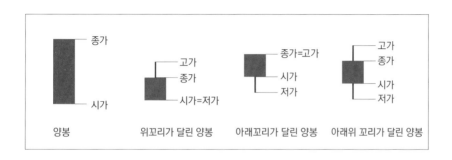

• 음봉: 시가보다 종가가 낮게 끝난 경우 파란색 캔들(봉)로 표현한다. 시가보다 종가가 낮다는 것은 매도하고자 하는 세력이 매수하고자 하는 세력보다 강하다는 의미이다.

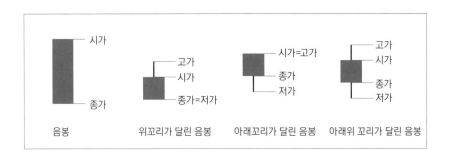

• 캔들(봉) 기간에 따라 월봉, 주봉, 일봉, 그리고 분봉으로 표현한다. 즉, 하나의 캔들(봉)이 하루 동안의 주가 흐름을 표현한다면 일봉, 1주일간의 주가 흐름을 나타낸다면 주봉, 1개월 동안의 주가 흐름을 나타낸다면 월봉, 그리고 (초) 단기 매매를 할 때 주로 활용하는 분봉이 있다. 일반적으로 단기적인 주가 흐름을 파악할 때는 일봉차트를 주로 활용하고, 중·장기 주가 흐름을 파악할 때는 주봉과 월봉차트를 주로 이용한다.

## 2) 캔들 형태에 숨은 의도 파악하기

전약 후강, 즉 종가가 시가 보다 올라가서 마감되면 매수세력이 매도세력보다 강하다고 생각하자.

전강 후약, 종가가 시가 보다 하락하면서 마감하면 매수세력보다 매도세력이 강하다고 이해하자.

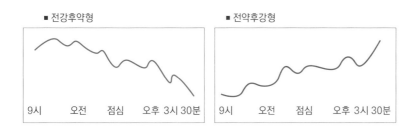

## 3) 이동평균선이란?

이동평균선이란? 주식 시장 투자자가 기본적으로 습득하고 있어야 할 지표이며, 주식 투자하는 데 있어서 매우 유용하게 활용해야 할 기술적 지표이다. 이 지표는 일정기간 동안의 주가를 산술 평균한 값인 주가이동평균을 차례로 연결해 만든 선(그래프)이다. 주식 시장에서 주가와 거래량 및 거래대금은 매일매일 변하지만, 특정 기간을 놓고 보면 일정한 방향성을 갖는 경향이 있다. 이를 수치화한 것이 이동평균선으로 단기(5일, 10일), 중기(20일, 60일), 장기(120일, 240일) 이동평균선이라 부른다.

- 5일 이동평균선(보라색): 5일간의 가격을 평균에서 이은 선

- 10일 이동평균선(파랑색): 10일간의 가격을 평균에서 이은 선

- 20일 이동평균선(노랑색): 20일간의 가격을 평균에서 이은 선(생명선)

- 60일 이동평균선(초록색): 60일간의 가격을 평균에서 이은 선(수급선)

- 120일 이동평균선(회색): 120일간의 가격을 평균에서 이은 선(경기 방어선)

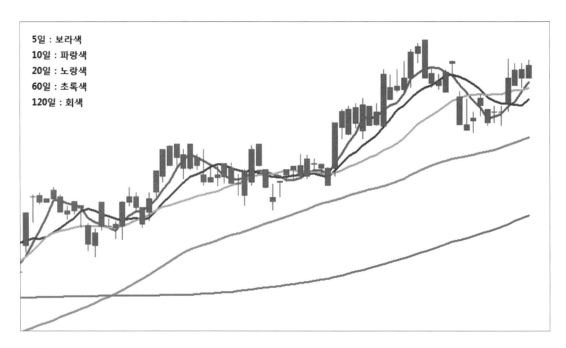

5일 : 보라색
10일 : 파랑색
20일 : 노랑색
60일 : 초록색
120일 : 회색

　　이동평균선의 추세란 무엇인가? 이런저런 노력을 통해 선정한 종목을 매수할 것인가? 또 이미 매수한 종목을 매도할 것인가?를 판단할 수 있는 근거를 제시한다고 볼 수 있다. 다시 말해서, 주가가 추가 상승할 것인지, 아니면 하락할 것인지를 예측할 수 있는 매우 중요한 툴(tool) 중의 하나라는 것이다. 또한 이동평균선은 주가의 추세를 예측할 수 있는 지표이지만, 단점은 지난 과거의 주가를 평균하여 만든 차트이므로 후행성 지표라는 것이다. 따라서 이동평균선 추세 하나만 보고 주가의 흐름을 예측하는 것은 매우 위험한 발상이다. 그래서 주식이 쉬운 듯 어려운 심리 게임이라는 것이다. 주식을 하는 거의 대부분 투자자들은 자신이 매수한 종목으로 성공 투자하기 위해서 실수를 줄이기 위한 노력을 한다. 결론적으로 주식 투자에서 실수를 줄이는 노력은 글로벌 경기와 국내 경기를 예측하고, 매수할 종목의 업황과 기업의 실적, 그리고 이동평균선의 추세와 다른 보조지표 등 가능한 많은 경우의 수를 크로스 체크해서 잃지 않는 매매를 하는 습관을 익혀야 한다.

이동평균선에서 정배열, 역배열이란? 이동평균선이 정배열이라는 말은 5일, 10일, 20일, 60일, 120일 이동평균선이 순서대로 정렬되어 우상향한 차트(추세)를 말하며, 이런 흐름의 종목이 추세적으로 상승할 가능성이 매우 높으며, 정배열인 종목을 공략하는 것이 성공 투자할 가능성이 확률적으로 높다. 역배열이란? 정배열 흐름의 반대라고 생각하면 된다. 주식이라는 것이 상승을 하면 반드시 하락한다. 상승과 하락을 반복하는 사이클을 끊임없이 반복하게 된다. 그래서 시간이 지나면 정배열 종목이 역배열이 되고, 역배열 종목이 정배열이 되기 때문에 그때그때 종목을 보는 합리적인 판단과 기술이 필요하다고 강조하고 싶다.

추세와 추세선이란? 일정한 기간 동안 같은 방향으로 움직이려 하는 주가의 흐름을 추세라고 한다. 그리고 추세를 보다 쉽게 알아보기 위해 고점과 저점들 중 의미 있는 두 지점, 또는 여러 지점을 연결한 직선이 추세선이다. 추세선은 차트에 나타나지 않기에 본인이 스스로 학습과 경험을 통해 만들어야 한다.

추세에는 상승추세, 하락추세, 횡보추세가 있다. 상승추세는 주가의 고점과 저점이 높아지는 흐름을 지칭하며, 하락추세는 반대의 의미이다. 그리고 횡보추세는 박스권 흐름이라고도 한다. 즉, 주가가 일정한 추세를 갖추지 못하고 등락을 반복하면서 횡보하는 형태를 말한다.

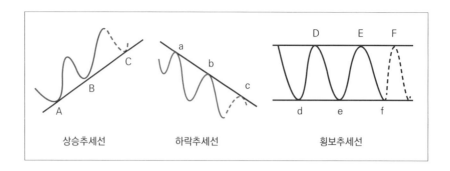

추세대란? 고점과 고점을 이은 선과 저점과 저점을 이은 선이 평행하여 하나의 채널을 만드는 것을 의미한다.

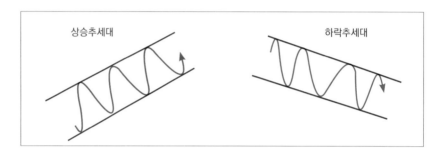

### 추세선을 이용한 단순한 매매 방법

1. 상승추세일 때 → 추세선에 닿을 때마다 매수한다.
   그러나 추세선 하락 이탈시 매도
2. 하락추세일 때 → 추세선에 닿을 때마다 매도한다.
   그러나 추세선 상승 돌파시 매수
3. 횡보추세일 때 → 관망한다.
   그러나 저항선 돌파시 매수. 지지선 하락 이탈시 매도

지지선과 저항선을 활용한 단순한 매매 방법

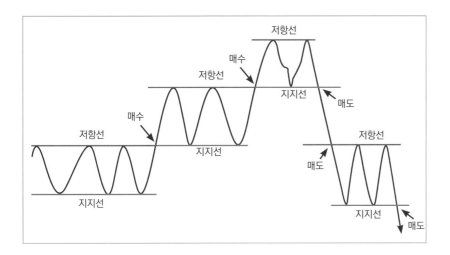

## 3) 거래량이란?

주식을 하다 보면 거래량은 거짓말을 하지 않는다는 말을 자주 듣는 다. 그 이유는 무엇일까? 거래량은 시장 참여자들이 매수 매도한 주식 수량을 의미한다. 거래량은 주식 시장의 장세(분위기)를 판단하는 요인 으로, 주가의 변동을 일으킬 수 있는 신호로 볼 수 있다. 주식 시장은 거 래량이 늘어나면 주가의 상승이 기대되고 줄어들면 하락이 예측된다 라 고 표현한다. 이런 표현은 사전적 의미이고, 실제 매매에 있어서 주가와 거래량은 변동성이 매우 심하다. 그래서 이 부분은 실전 경험을 통해 익 히는 것이 무엇보다 중요하다.

예를 들면, 주식을 할 때 주가가 상승하는데 거래량이 감소하면, 그 상승에 대한 의미(강도)는 다소 약할 수 있다. 그 이유는 거래량이 없다 는 뜻은 매도하는 사람이 없는데, 적은 금액의 매수로 주가를 상승시켰 기 때문에, 거래량이 없는 주가 상승은 매수신호로 보기 어렵다. 반대 로, 거래량이 증가하며 주가가 상승하는 것은 추가 상승에 대한 기대감을 주기 충분하다. 매수세가 많아졌다는 것은 많은 투자자들이 해당 주식에 대해 긍정적으로 보고 있다는 점이다. 따라서 매수 관점에서 접근해도 된다. 그리고 매수를 할까? 매도를 할까? 고민하는 시점에 해당 종목의 주가가 하락하는데 거래량이 적어진다고 하면, 매도세가 약해졌다고 생각하면 된다. 이때 우리는 매도자가 조금이라도 더 높은 가격에 매도하기 위해 기다리는 행위이거나 아니면 거래를 동반한 상승 타이밍을 찾는 것으로 보아도 좋겠다. 반대로, 주식시세에서 주가가 하락하는데, 거래량이 많아진다면, 이는 추가 하락 가능성이 높다고 봐야 할 것이다.

**주가와 거래량의 관계도**

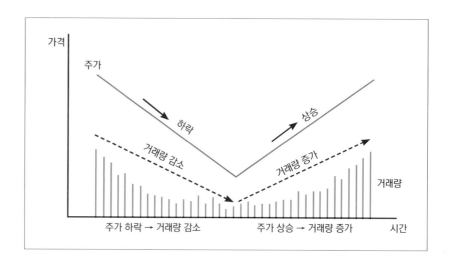

### 4) 연결봉으로 추세 예측하기

상승 반전형 캔들 패턴: 하락하던 주가 흐름 중에 아래와 같은 연결봉이 출현하면 주가가 상승으로 전환될 가능성이 높다.

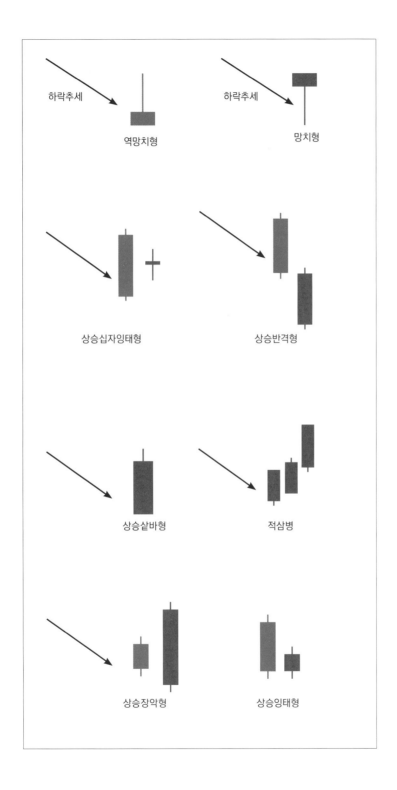

하락추세　역망치형

하락추세　망치형

상승십자잉태형

상승반격형

상승샅바형

적삼병

상승장악형

상승잉태형

하락 반전형 캔들 패턴: 상승하던 주가 흐름 중에 아래와 같은 연결봉이 출현하면 주가가 하락으로 전환될 가능성이 높다.

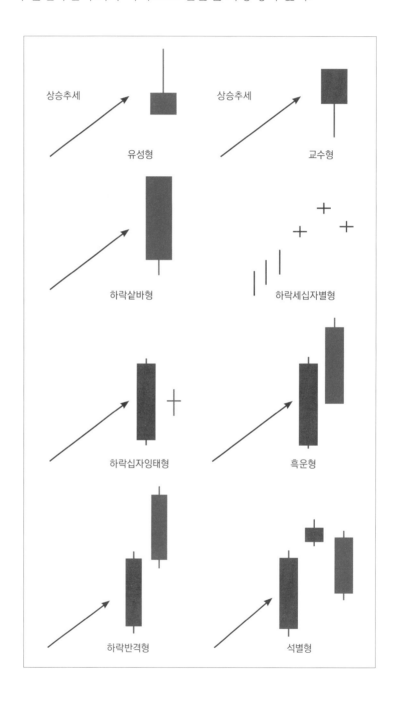

## 2. 실전매매에서 100% 유용한 추세(패턴)와 지표 이해하기

### 1) 추세분석

추세분석(Trend Analysis)이란?

주가의 움직임 속에서 추세선이나 추세 흐름을 이용한 매매기법이다.

차트(그래프)를 보면 형식 없이 제멋대로 움직이는 것처럼 보이지만, 주가는 일정 기간 같은 방향으로 추세를 형성하며 움직이려는 속성을 갖고 있다. 추세선을 그려 보면 상승, 하락, 그리고 횡보 중 어느 하나의 추세선을 따라 움직인다는 것을 우리는 알 수 있다. 이러한 추세 흐름을 보고 주가를 예측하는 분석 기법 중 하나이다.

- 상승추세: 주가의 고점과 저점을 높이면서 상승을 이어가는 추세.

- 하락추세: 주가의 고점과 저점을 낮추면서 하락을 이어가는 추세.

- 횡보추세: 주가가 상승과 하락을 일정한 박스권에서 등락을 보이는 추세.

## 2) 추세 지표: 추세 변화가 있을 때까지 추세를 활용한 매매 지표

| 구 분 | 종류 | 의미 |
|---|---|---|
| 추세 지표 | 추세선 | 주가 흐름의 특성 가운데는 일반적으로 어느 기간 동안 같은 방향으로 움직이려는 경향이 있는데, 이것을 추세라고 하며 차트에 일정한 직선 또는 곡선으로 나타내는 선을 추세선이라 한다. |
| | 주가이동평균선 | 주가이동평균선은 일정 기간 동안의 주가를 산술 평균한 값인 주가이동평균을 차례로 연결해 만든 선으로, 주가의 평균치를 말하며, 보통 장기(120일), 중기(60일), 단기(5, 20일) 이동평균선을 주로 사용한다. |
| | MACD | MACD(Moving Average Convergence & Divergence)는 26일간의 지수평균과 12일간의 지수평균간의 차이를 산출하여 구하며, 이 두 지수평균의 차이를 다시 9일간의 지수평균으로 산출하여 시그널(signal)로 사용한다. 또한, MACD는 추세 전환 시점을 찾는 것보다는 추세 방향과 주가 움직임을 분석하는 데 좋은 지표로 알려져 있다. |
| | ROC | ROC(Rate of Change)은 금일 주가와 n일전 주가 사이의 차이를 나타내는 지표이다. ROC가 '0'값을 기준으로 양(+)의 값이면 상승 추세, 음(-)의 값이면 하락 추세로 인식한다. |
| | DMI | DMI(Directional Movement Index)는 시장 방향성 지표이다. 즉, 전일 대비 해당일의 고가, 저가, 종가의 최고값을 이용해 현재 추세와 매수, 매도 시점을 판단해 주는 지표로 쓰인다. |

## 3) 모멘텀 지표: 투자심리나 운동에너지를 이용하여 추세 변곡점을 찾는 지표

| 구 분 | 종류 | 의미 |
|---|---|---|
| 모멘텀 지표 | 스토캐스틱 | Stochastic이란 주가나 환율의 마감 가격이 일정기간 동안 어느 곳에 있었는지를 관찰하기 위해 백분율로 나타낸 단기 기술적 지표이다. 스토캐스틱은 크게 Slow Stochastic과 Fast Stochastic으로 나뉜다. 패스트 스토캐스틱은 주가나 환율의 변동이 자주 발생해서 단기매매, 빠른 매매에 유용한 지표다. |
| | 이격도 | 주가와 이동평균선 간의 괴리 정도를 보여주는 지표로 당일의 주가를 이동평균치로 나눈 백분율이다. 이격도가 100%면 주가와 이동평균선은 일치하고 있는 것이며, 이격도가 100% 이상이면 단기적으로는 주가가 최근 상승했음을 의미한다. 주가가 이동평균선 위로 크게 벌어지는 것은 이격도가 높아지는 것이므로 이때는 주식의 매도 시점으로, 반대로 아래로 크게 떨어져 이격도가 낮아지는 것은 매수 시점으로 인식하면 된다. |
| | SONAR | SONAR Momentum Chart라고도 한다. SONAR는 주가의 상승이나 하락 과정에서 기울기를 계산하여, 현재 주가의 강도가 강할수록 이전의 추세 흐름을 이어갈 가능성이 높다는 데서 착안한 기법으로 주가의 상승과 하락의 강도를 미리 알려고 하는 지표이다. SONAR는 음(-) 기울기에서 양(+) 기울기로 전환하는 시점이 주가는 저가 국면에 해당되고, 양(+) 기울기에서 음(-) 기울기로 전환되는 시점이 주가의 고가 국면에 해당된다고 보면 된다. |
| | TRIX | TRIX(Triple Smoothed Moving Averages)란 주가·환율의 종가에 대해 3번(Triple) 이동평균한 값을 구해 단기적인 주가·환율의 급등락을 완화해(Smoothing) 주는 보조지표이다. TRIX를 구하려면 우선 주가·환율의 종가를 기준으로 기간을 정해 이동평균을 구해야 하는데, 기간 값은 보통 12~25일을 주로 사용한다. TRIX는 '0'을 기준으로 '0'을 상향 돌파하면 매수, 하향 돌파하면 매도로 해석한다. |
| | CCI | CCI(Commodity Channel Index)는 원래 개발 목적이 상품 가격의 계절성이나 주기성을 알아보기 위한 것이었으나, 최근에는 추세의 강도와 방향을 나타내주는 지표로 활용하고 있다. CCI의 절댓값이 클수록 추세는 강하고 절댓값이 작을수록 추세는 약하며, 양(+)의 값을 가질 경우에는 상승추세, 음(-)의 값을 가질 경우에는 하락추세를 나타내는 것이다. |

## 4) 변동성 지표

| 구 분 | 종류 | 의미 |
|---|---|---|
| 변동성 지표 | 볼린저밴드 | Bollinger Band란, 주가의 변동에 따라 상하 밴드 폭이 같이 움직이게 하여 주가의 움직임을 밴드 내에서 판단하고자 고안된 주가지표를 말한다. 볼린저밴드는 기존 지표들이 적절한 매매시기를 알려주지 못한다는 단점을 보완하기 위해 주가의 상한선과 하한선을 경계로 등락을 거듭하는 경향이 있다는 것을 기본 전제로 만들었다. 가격변동 라인의 폭이 이전보다 상대적으로 크거나 큰 상태에서 줄어들 경우에는 볼린저 밴드를 과매도·과매수의 지표로 이용한다. |
| | 피봇 라인 | Pivot Line은 전일의 고가, 저가, 종가를 평균하여 전일의 중심가격을 먼저 산출한 후, 지지와 저항의 가격대를 산출하여 하루의 평균적인 가격 흐름을 파악하는 방법이다. 금일의 주가가 전일의 중심가격 이상에서 움직이면 강세장, 밑에서 움직이면 약세장이라 보면 된다. |
| | 엔벨로프 | Envelope란, 이동평균선에 일정한 비율을 곱하여 상한선과 하한선을 만들기 때문에 밴드폭이 일정하지 않은 볼린저밴드와 달리 밴드폭이 고정되어 있다. 중심선인 이동평균선은 볼린저밴드와 같은 20일선을 주로 사용하며, 하한선은 과매도로 인식하여 매수신호, 상한선은 과매수로 인식하여 매도신호로 활용한다. |
| | Parabolic SAR | Parabolic SAR (Stop And Reversal)은 가격 움직임의 반전을 표시해 준다. Parabolic SAR은 기본적으로 점들이 캔들 밑에 있으면 매수를 하라는 신호이고 캔들 위에 있으며 매도의 시그널로 보면 된다. |
| | Keltner Channel | Keltner Channel은 추세를 추종하는 특성을 가지고 있는 지표로서, 낮은 가격에 사서 높은 가격에 파는 것이 아니라, 높은 가격에 사서 더 높은 가격에 파는 전략에 유효한 지표이다. 일반적으로 밴드상한선 돌파시 매수, 밴드하한선 이탈시 매도 한다. |

# 5) 시장 강도 지표

| 구분 | 종류 | 의미 |
|------|------|------|
| 시장 강도 지표 | OBV | OBV(On Balance Volume)란, 거래량은 항상 주가에 선행한다는 것을 전제로 거래량분석을 통해 분석하는 기법이다. OBV지표를 이용하는 목적은 전체시장이 매집 단계에 있는지, 아니면 분산단계에 있는지를 광범위하게 나타내므로 앞으로의 주가의 변화방향을 예측하는데 도움을 준다. OBV지표는 주가가 하락하는데, OBV선이 이전 저점 이하로 떨어지지 않고 있을 때는 시장내부에서 매집 활동이 진행되고 있음을 반영하는 것으로서 주가는 조만간 상향세로 전환될 것으로 예측한다. 반대로, 주가가 상승하는데도 불구하고 OBV선이 이전 고점을 돌파 못하면 주가상승에 따라 보유주식을 처분하려는 분산활동이 일어나고 있음을 반영하는 것으로서 주가는 조만간 하락세로 전환될 것으로 예측한다. 끝으로, 주가가 보합권에서 횡보하는데 OBV선의 고점이 계속 상승하고 있다면 향후 강세장을 예고하는 것이고, OBV선의 고점이 하락하면 향후 약세장을 예고하는 것으로 판단할 수 있다. |
| | RSI | RSI(Relative Strength Index)는 주식, 선물, 옵션 등의 기술적 분석에 사용되는 보조지표로서, 가격의 상승압력과 하락압력 간의 상대적인 강도를 나타낸다. 일반적으로 70% 이상을 초과매수 국면으로 매도, 30% 이하를 초과매도 국면으로 매수 포지션을 취하는 방식이 있다. |
| | CO | Chaikin's Oscillator는 OBV 단점(주가 움직임 폭의 강약에 관계없이 동일하게 거래량을 누적시키기에 주가 움직임을 정확하게 반영 못하는 점)을 보완하여 당일의 종가와 당일 주가 움직임의 중간치와의 관계를 거래량에 반영한 지표이다. 일반적으로 CO가 제로라인 아래에서 위로 상승 돌파시 매수 신호로 인식한다. |
| | Volume Oscillator | 거래량지표(Volume Oscillator)는 증권시장의 장세를 판단하기 위하여 거래량을 지표화한 것으로, 일반적으로 거래량이 주가에 선행하므로 매매시점을 판단하는 데에 중요한 지표이다. 거래량이동평균(volume moving average)과 OBV(on balance volume)·VR(volume ratio)·거래량회전율(turnover ratio) 등 다양한 지표가 있다. |
| | PVI | PVI(Positive Volume Index)는 거래량이 전일에 비해 증가하는 날을 중심으로 만든 지표로서, 현재의 주식 시장이 상승장인지 하락장인지를 구분하는 지표이다. PVI값이 1년 이동평균선 위에 놓여 있으며 상승장 가능성이 높으며, 이동평균선 아래에 있으면 하락장일 가능성이 높다고 보면 된다. |

## 6) 패턴분석

주식은 경험과 노하우(Know-how) 그리고 데이터 분석을 통해 실수를 줄이고 성공 투자를 하는 것이다. 주식 시장에서 오랫동안 살아남기 위해서는 손실은 최소화하면서 수익을 극대화하는 것인데, 말처럼 쉽지는 않다, 그래서 지금도 열심히 노력하고 공부하고 있는지 모르겠다. 주식을 지속적으로 대응하고 분석하다 보면 일정한 패턴이 보이고 그 패턴에 나만의 매매 기법을 적용하면 성공 투자에 한발 다가갈 수 있다. 물론 다양한 패턴이 있고, 실전 매매에서 100% 적중할 수는 없지만, 그래도 모르는 것보다는 아는 것이 실수를 줄이는 한 방법이다.

### ::: 상승 반전형 패턴

• **원형바닥형**: 긴 하락 과정에서 거래량이 많이 출회된 이후, 바닥권에서 거래가 점차 줄어든다. 시간이 지나면서 점점 거래량이 증가하다 한순간 대량 거래를 동반한 강한 상승이 나오면 바닥 탈피 가능성이 높은 상승 패턴이다.

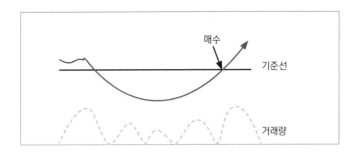

• 쌍바닥형(이중 바닥): 바닥권에서 1차 상승을 도모하다, 상승 중 매물대에 막혀 다시 하락한 이후 바닥권 지지라인에서 재 매집 과정을 거치고 두 번째 상승하는 전형적 바닥 탈피 상승 패턴이다.

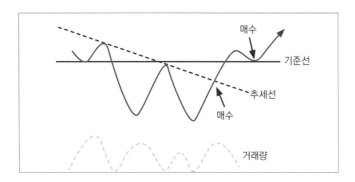

• 쓰리바닥형(역헤드앤숄더): 일반적으로 바닥권에서 상승하는 대표적인 상승 패턴 중 하나이다. 하락 추세 과정인 왼쪽 어깨 부분에서부터 거래량이 줄면서 시간이 경과하면서 저점을 찍고, 이후 오른쪽 어깨 부근에서 거래가 늘어나면서 주가가 강한 상승을 준다.

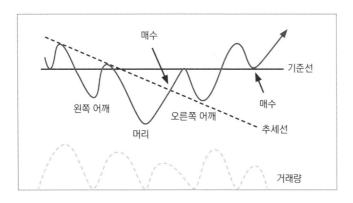

## 하락 반전형 패턴

- **원형천장형**: 일반적으로 상승하는 기간이 길고 거래량도 동반하면서 상승을 하였기에, 고점에서 하락할 때는 거래가 줄면서 상승 기울기와 비슷한 대칭으로 긴 하락을 한다.

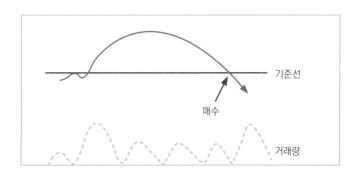

- **이중천장형(쌍봉형)**: 세력들이 상승을 주도한 다음 1차 상승하는 과정에서 매물을 소화하지 못한 경우에, 한 번 더 상승을 주는 척하면서 물량을 던질 때 주로 사용하는 쌍봉 패턴이다. 따라서 거래량도 1차 상승에서 대량 거래가 나오고, 2차 상승에서는 보통 거래량이 줄면서 고점을 만들고 하락을 한다.

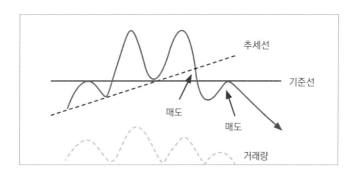

• 삼중천장형(헤드앤숄더): 차트상 모양이 봉우리 3개가 사람의 머리와 어깨처럼 형성된 패턴으로, 장기간에 걸쳐 만들어지는 경우가 많으며, 하락 추세 패턴의 전형적인 모양 중의 하나이다. 거래량을 보면 왼쪽 어깨에서 가장 많이 발생하고, 최고점인 머리 부분에서 거래량이 줄면서 이후 점진적으로 거래가 줄면서 계산식으로 하락을 하게 된다.

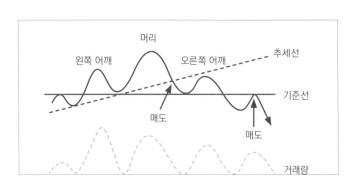

# 지속형 패턴

## (긴 시간 동안 횡보를 하면서 방향을 상승 또는 하락으로 전환하는 패턴)

● N자형 패턴: 긴 시간 횡보 이후, 적절하게 매물을 소화하면서 안정적으로 상승을 줄 때 나타나는 N자형 상승 패턴으로 눌림목 매매 및 스윙매매에서 자주 활용되는 패턴이다. 반대로 하락할 때도 시장에 충격을 줄이면서 계산식(N자형)으로 하락하는 N자형 하락 패턴이 있다.

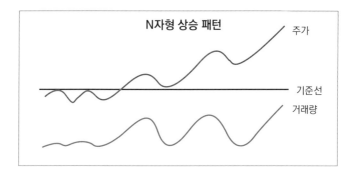

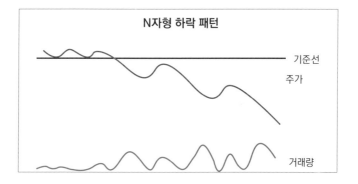

● **삼각형 패턴**: 지속형 패턴의 하나로, 일반적으로 고점의 저항 라인을 두고 몇 개월에 걸쳐 횡보하면서 나타나는 패턴으로 상승을 위한 조건으로는 저점이 높아지면서 기간 조정을 주어야 상승에 대한 신뢰도가 높다. 특히 중간중간에 대량 거래를 동반한 급등이 연출되며, 기준

선(매물대, 저항 라인)을 돌파할 때는 이전에 볼 수 없었던 대량 거래가 동반되면서 강한 상승을 준다. 반대로 하락 삼각형 패턴은 저점의 지지 라인을 두고 몇 개월에 걸쳐 횡보하면서 나타나는 패턴으로 하락하는 징조는 고점이 낮아지면서 기간 조정을 보여 준다. 특히 중간중간에 대량 거래를 동반한 급락이 연출되며, 기준선(저항대, 저항 라인)을 이탈할 때는 이전에 볼 수 없었던 대량 거래가 동반되면서 급락을 보여 준다.

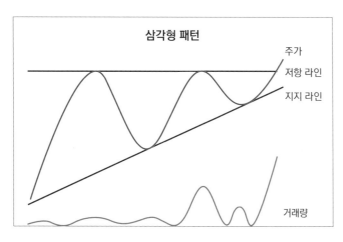

삼각형 패턴

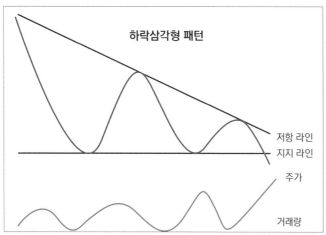

하락삼각형 패턴

# 04 실전매매 기법

주식을 처음 접하게 되거나, 시간이 흘러 주식을 알면 알수록 어리둥 절할 정도로 아주 많은 매매 기법에 당황해하는 경우가 있을 것이다. 또 한 그 기법들이 주식투자를 하는데 있어서 반드시 수익을 줄 거라 맹신 하고 무조건 따라 하다 보면 실수를 하게 된다.

따라서 다른 사람의 매매 기법을 따라 할 정도가 되려면 먼저 자신이 주식에 기본기가 있어야 한다. 자신이 알고자 하는 매매 기법을 취사 선 택할 수 있는 능력이 되어야 한다는 것이다. 매매 기법들을 보면, 추세 를 이용한 매매 기법, 패턴을 이용한 매매 기법, 보조지표를 이용한 매 매 기법 등 수없이 많은 기법들이 있다. 오늘은 실전에서 바로 활용할 수 있는 매매 기법을 몇 가지 제시하도록 하겠다.

매매 기법을 논문 쓰듯이 복잡하거나 과대 포장해서는 안 된다. 가장 좋은 매매 전략은 기본에 충실한 매매이다. 특히 매매 기법을 읽고 쉽게 이해하고 따라 할 수 있어야 한다. 그런 가운데 수익은 자연스럽게 따라

오게 되어 있다. 대부분의 매매 기법은 대학 논문도 아닌데, 기법을 장황하게 설명하면서 뭐 대단한 것처럼 포장하는 경우가 많다. 그러한 포장에 현혹될 필요 없다. 매매 기법은 간결하게, 그러나 수익은 확실하게 주는 실전 매매 기법을 지금부터 풀어 가겠다.

## 1. 기본적 분석으로 종목 선정하기

### 1) 재무제표 활용하기

- 매출액: 매년 안정적으로 매출액이 상승하는 기업을 찾자.

- 영업이익: 매년 안정적으로 영업이익이 늘어나는 기업을 발굴하자. 특히 급격하게 이익이 상승하는 기업은 주가 상승 가능성이 더 높다.

- 부채비율: 100% 미만인 기업이면 좋을 듯하다.

- 유보율: 600% 이상인 기업을 찾자. 그리고 유보율이 높은 기업은 안정성과 배당 성향이 높은 경향이 많다.

### 2) 기업가치 저평가 기업 찾기

- 주가수익비율(PER; Price Earning Ratio): 동일 업종 및 종목보다 저 PER 기업을 찾자.

- 자기자본이익률(ROE; Return On Equity): ROE가 10% 이상이면 안정적 기업으로 평가한다.

- 주가순자산비율(PBR; Price Book-value Ratio): PBR이 1배 이하인 기업은 저평가 기업으로 평가한다.

### 3) 성장성이 높은 기업 찾기

단기적으로는 1~2년, 중장기적으로는 5~10년 후에 해당 기업이 매출액 및 이익 성장률이 증가할 것으로 예상되는 기업군을 찾자. 예를 들면, 제약 바이오, 헬스 케어, 전기차, 자율주행, 4차산업과 5G, 그리고 신재생에너지 등.

### 4) 기타

현 시장에서 일시적으로 나타나는 주도업종, 테마주 등.

외국인 또는 기관이 지속적으로 매집하는 종목.

뉴스, 이슈, 호재성 재료가 있는 종목.

## 2. HTS를 활용한 종목 찾기

### 1) HTS 화면(키움증권 기준 코드번호)에서 "검색창"을 활용한 종목 발굴하기

시간외 등락률순위(1304): 장 마감 후에 코드 '1304' 화면을 클릭하면, 장 끝난 이후에 거래가 되면서 강한 상승을 보여 준 종목은 다음 날 상승 가능성이 높다.

- 신고가 종목: 코드 0161

- 상한가 종목: 코드 0162

- 매물대 집중 종목: 코드 0170

- 고 PER/저PER: 코드 0171

- 증권사에서 제공하는 종목 검색식: 종목발굴(1450), 패턴 검색(1451), 가치주발굴(1452)

## 3. 하락 양봉을 이용한 단기매매 기법

### 1) 매매 기법 포인트

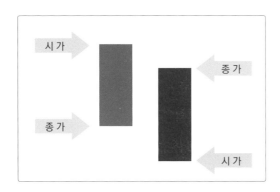

위 표에 알 수 있듯이, 하락 양봉이란? 전일(어제) 종가보다 금일(오늘) 시(초)가가 하락해서 시작한 다음, 주가가 상승(양봉) 마감한 캔들을 솔지담은 하락 양봉이라고 칭한다. 즉, 주가가 전일 종가 보다 하락해서 시작한 다음 상승해서 마감하는 캔들을 말한다. 그리고 반드시 대량 거래를 동반하면서 전일 종가를 돌파해야 한다. 그렇다면 하락 양봉이 어떠한 매력이 있으면서, 투자자에게 큰 수익을 안겨주는지 차트를 보면서 설명하겠다.

**거래소 일봉차트**

거래소 지수 일봉차트를 보면, A 박스와 B 박스를 보면 하락양봉 캔들
이 나오고 강한 반등이 연출하는 것을 알 수 있다.

**넷마블 일봉차트**

넷마블 일봉차트를 보면, 하락이 진행되는 과정에서 A 박스에서 하락
양봉 캔들이 발생하였다. 특히 동 차트에서는 양봉이 전 전날 음봉의 중
간값 이상 상승을 하면서, 상승에 대한 강한 시그널을 대량 거래량과 함
께 보여 주었다.

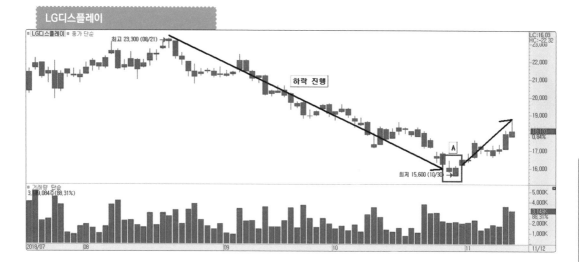

LG디스플레이 일봉차트를 보면, 하락이 진행되는 과정에서 A 박스에서 하락양봉 캔들이 발생하였으며, 이후 일정 부분 상승을 보여 주었다.

현대건설 일봉차트를 보면, 하락이 진행되는 과정에서 A 박스에서 하락양봉 캔들이 발생하였으며, 이후 안정적인 상승 랠리를 보여 주었다.

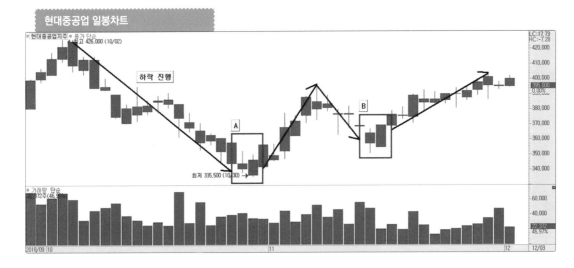

현대중공업 일봉차트

현대중공업 일봉차트를 보면, 하락이 진행되는 과정에서 A 박스에서 하락양봉 캔들이 발생하였으며, 이후 일정 부분 상승을 보여 주었다. 다시 눌림 구간에서 B 박스에서 하락양봉이 나오면서 재차 상승을 보여 주었다.

## 4. 이평선 추세와 패턴을 이용한 단기·중기매매 기법

### 1) 매매 기법 포인트

- 60일 이평선이 반드시 우상향이어야 한다.
- 20일 이평선이 60일 이평선을 골든크로스할 때 1차 매수한다.
- 주가가 급등을 하면 이후, 조정 시 2차, 3차 매수가 가능하다.
- 조정 시 매수 타이밍은 20일 이평선(2차 매수) 또는 60일 이평선(3차 매수)에서 분할 매수한다.
- 이 매매 기법은 상승 추세를 이어가기 때문에 매수/매도를 반복하면서 수익률을 극대화할 수 있다.

## 2) 유형(패턴)

### 20이평선 짝궁댕이 쌍바닥 패턴

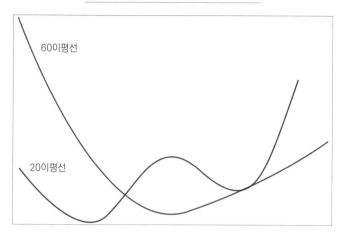

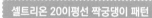

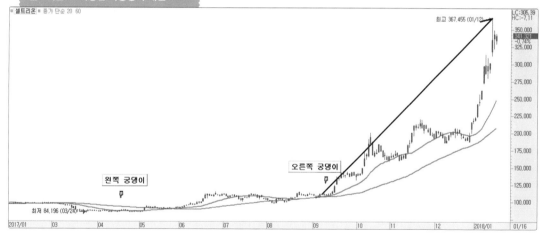

셀트리온 일봉차트를 보면, 60이평선을 중심으로 20이평선이 왼쪽
궁댕이가 발생하고, 이후 오른쪽 궁댕이가 발생한 다음 강한 상승 랠리
를 보여 주었다.

**LG화학 20이평선 짝궁댕이 패턴**

LG화학 일봉차트를 보면, 60이평선을 중심으로 20이평선이 왼쪽 궁댕이가 발생하고, 이후 오른쪽 궁댕이가 발생한 다음 강한 상승 랠리를 보여 주었다.

**POSCO 20이평선 짝궁댕이 패턴**

POSCO 일봉차트를 보면, 60이평선을 중심으로 20이평선이 왼쪽 궁댕이가 발생하고, 이후 오른쪽 궁댕이가 발생한 다음 강한 상승 랠리를 보여 주었다.

## 20이평선 쌍바닥 패턴

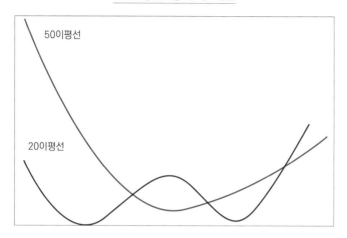

S-OIL 20이평선 쌍바닥 패턴

S-OIL 일봉차트를 보면, 60이평선을 중심으로 20이평선이 왼쪽 궁
덩이가 발생하고, 이후 오른쪽 궁덩이가 발생한 다음 강한 상승 랠리를
보여 주었다.

강원랜드 일봉차트를 보면, 60이평선을 중심으로 20이평선이 왼쪽 궁댕이가 발생하고, 이후 오른쪽 궁댕이가 발생한 다음 강한 상승 랠리를 보여 주었다.

## 5. 보조지표를 이용한 스윙매매

### 1) RSI 다이버전스를 이용한 스윙매매

주가는 하락을 하는데, RSI 보조지표는 상승을 할 때 '다이버전스'가 발생했다고 해서 일반적으로 주가가 하락보다는 상승을 하는 경우를 말한다.

## RSI와 주가를 통해 매매하기

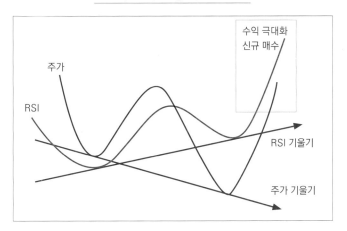

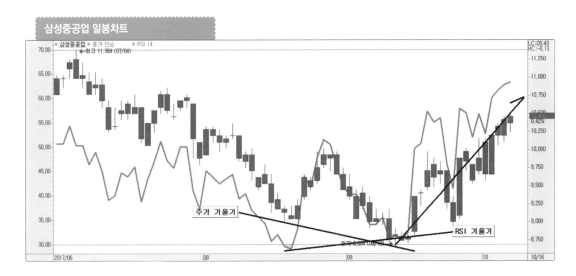

삼성중공업 일봉차트를 보면, 주가는 하락을 하는데, RSI 보조지표는
상승을 하면서 다이버전스가 발생하였다. 이후 주가는 추가 하락을 하
지 않고 상승을 보여 주었다.

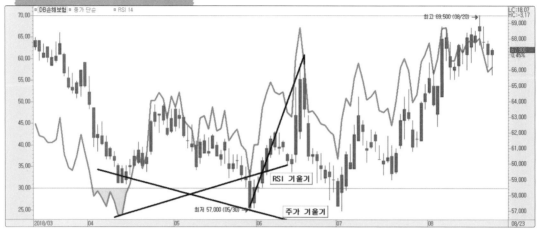

DB손해보험 일봉차트를 보면, 주가는 하락을 하는데, RSI 보조지표
는 상승을 하면서 다이버전스가 발생하였다. 이후 주가는 추가 하락을
하지 않고 상승을 보여 주었다.

미래에셋대우 일봉차트

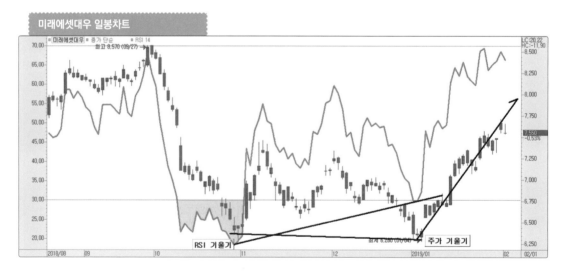

미래에셋대우 일봉차트를 보면, 주가는 하락을 하는데, RSI 보조지표
는 상승을 하면서 다이버전스가 발생하였다. 이후 주가는 추가 하락을
하지 않고 상승을 보여 주었다.

오리온 일봉차트

오리온 일봉차트를 보면, 주가는 하락을 하는데, RSI 보조지표는 상승을 하면서 다이버전스가 발생하였다. 이후 주가는 추가 하락을 하지 않고 상승을 보여 주었다.

## 2) 역으로 아래와 같은 패턴이 발생할 때

주가가 상승을 하더라도 일정 부분 차익할 필요가 있다.

### RSI와 주가를 통해 매매하기

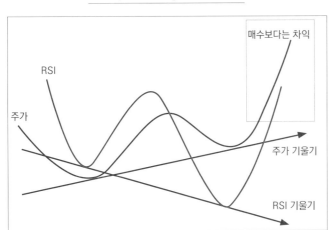

GS건설 일봉차트를 보면, 주가는 상승을 하는데, RSI 보조지표는 하락을 하면서 주가 캔들도 윗고리를 달면서 음봉이 자주 발생한다. 이런 징후가 상승 과정에서 나오면, 하락 반전 가능성이 높기에 추가 상승에 대한 기대감보다는 하락에 대비해야 한다.

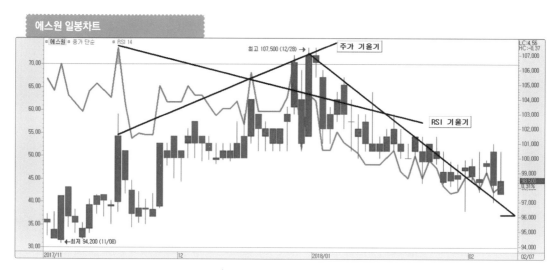

에스원 일봉차트를 보면, 주가는 상승을 하는데, RSI 보조지표는 하

락을 하면서 주가 캔들도 윗고리를 달면서 음봉이 발생한 이후, 장대 음
봉이 출현하였다. 이런 징후가 상승 과정에서 나오면, 하락 반전 가능성
이 높기에 추가 상승에 대한 기대감보다는 하락에 대비해야 한다.

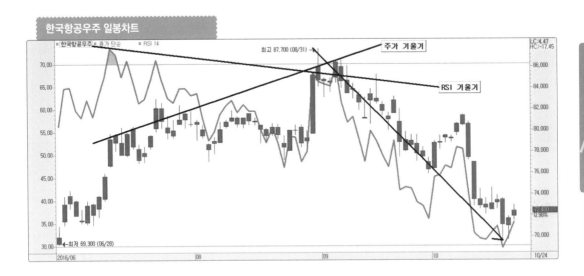

한국항공우주 일봉차트를 보면, 주가는 상승을 하는데, RSI 보조지
표는 하락을 하면서 주가 캔들도 윗고리를 달면서 음봉이 자주 발생하
였다. 이런 징후가 상승 과정에서 나오면, 하락 반전 가능성이 높기에 추
가 상승에 대한 기대감보다는 하락에 대비해야 한다.

## 6. 목표가 잡는 방법

　　2017년, 2018년 시장의 주도 섹터 중의 하나인 전기차 관련주인 대주
전자재료라는 종목을 보면서 장기 목표가 및 스윙매매 목표가 설정하
는 법을 보도록 하겠다.

### 1) 최근 10년간 일봉차트

　　2011년 4월 15일 16,695원 고점

　　2016년 11월 3일 2,853원 저점

　　5년 7개월 동안 대세하락 차트, 이후 대세 상승 흐름을 통해 목표가
잡는 법을 보자.

## 2) 최근 2년간 일봉차트

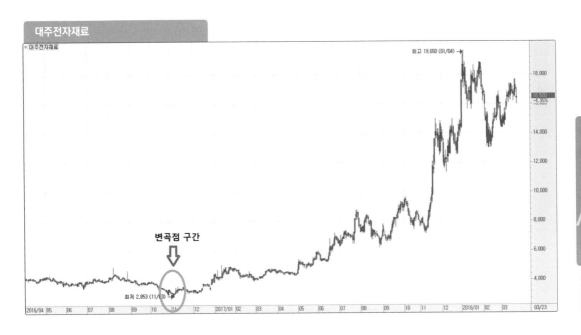

2011년 4월 15일 16,695원 고점 형성한 이후, 2016년 11월 3일 2,853원 저점 구간에서 어떤 시그널이 나왔을까?

무슨 변화가 있었기에 5년 7개월이라는 대세 하락의 끝을 보여 주었는지, 위 차트의 변곡점 구간을 확대해 보겠다.

### 3) 변곡점 구간 확대 차트

대세 하락의 마지막 구간에서 거의 한 달 동안 30% 추가 하락시키면서, 최악의 공포를 통해 마지막 투매까지 유발시켰다.

1차 시그널: 긴 하락 과정에서 지친 투자자들에게 시초가를 -3.75% 갭 하락시키면서 추가 투매를 유발시키고, 이후 장 중 내내 상승하면서 +8.52% 상승 마감하였다. 캔들 상 바닥권에서 '상승 장악형 캔들'이 나오면 매수 사인으로 대부분 투자자들은 인식하고 있다. 그런데 상승 장악형 캔들이 발생한 이후 오히려 4거래일 동안 하락하면서, 상승 분 대부분을 다 반납하면서 다시 한번 종목에 대한 매도를 유발시켰다. 그러다 보니 대부분의 투자자들은 동 종목을 원수처럼 생각하면서 쳐다도 보지 않을 것이다.

2차 시그널: 1차 시그널(상승장악형)이 나오고, 4거래일 동안 하락한 다음 마지막 극도의 공포를 주면서 시초가 부터 투매를 유발시킨다. 즉, 시초가가 -4.02% 갭 하락 시작하면서 최근 4거래일 하락도 버티기 힘들었는데, 또다시 갭 하락하면서 시작을 하다 보니 멘붕이 오면서 대부분 투매(매도)를 하게 된다. 그러나 여기서 현명한 투자자라면 시장의 공포 심리에 넘어가면 안 된다. 솔지담이 강조한 대세 하락 흐름에서 발생하는 '하락양봉'은 변곡점이 될 가능성이 높다고 했다. 결국 이후 대세 상승 차트를 만들었는데, 다음 차트를 보겠다.

### 4) 장기 목표가 선정 방법

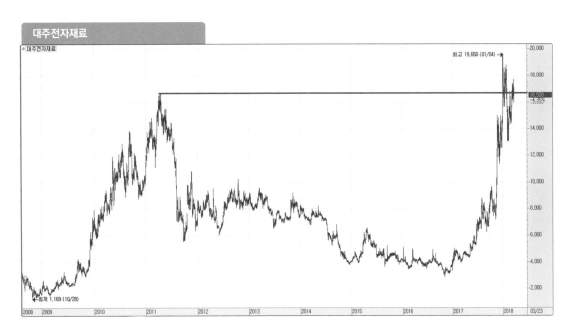

장기 목표가는 동 종목의 업황, 기업의 실적, 그리고 시대적 트렌드(국가 전략 사업)와 부합하는 종목인지를 먼저 확인하고 보유한다.

두 번째는 주식 시장이 상승장인지, 하락장인지도 매우 중요하다. 하락장에서는 종목을 장기적으로 끌고 가기에는 부적합하다. 그 이유는 하락장에서는 지속적으로 주가가 오르는 것이 쉽지 않기 때문이다.

결국 동 종목은 위 조건이 부합하다 보니, 5년 7개월 동안의 긴 주가 하락 분을 단 1년 만에 회복하였다.

### 5) 스윙 매매로 목표가 잡기

투자자 성격상 장기 투자를 못 하는 분들이 대부분이다. 그러다 보니 6개월, 1년을 보유한다는 것 자체를 싫어하는 분들이 많다. 그래서 그 대안으로 스윙매매를 많이 활용하는데, 스윙매매에서 목표가 잡는 법을 보자.

2016년 11월 3일 2,853원 저점을 기준으로 6개월 정도의 차트를 보면, 2016년 8월 4일 4,242원 고점을 형성하였다. 보통 이전 고점을 목표가로 설정하고 짧게는 1~2개월, 조금 더 길게 보면 3~4개월 정도 보유하면 목표가에 도달한다. 그러기 위해서는 차트의 흐름(추세)이 우상향이어야 한다. 결국 2개월 되는 2017년 1월 10일 목표가(4,242원)를 돌파하게 된다. 그리고 추세가 살아 있으면 중장기적으로 반복 매매를 통해 수익 극대화를 이룰 수 있다. 즉, 상승 추세를 보이는 종목은 지지선에서 매수와 저항선에서 매도를 반복하면서 수익 극대화를 해야 한다.

주가가 상승을 할 때는 보통 N자형 상승을 한다. 이를 응용한 지지선과 저항선을 보면 아래와 같은 반복된 패턴을 보여 준다. 이를 활용한 반복 매매를 하면 되는데, 기술적 테크닉이 필요한 부분이기에 추후 깊이 있게 다루도록 하겠다. 물론 하락할 때도 비슷한 패턴으로 하락한다고 보면 된다.

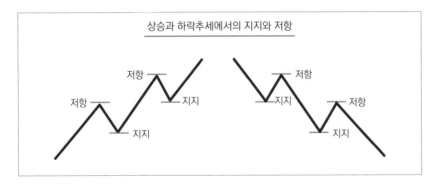

지지선은 매도물량이 많아 주가가 계속 하락하다가, 어느 시점부터 매도가 아닌 매수 물량이 많아지면서 추가 하락하지 않는 시점을 지칭한다. 반면, 저항선은 지지선과 반대로 생각하면 된다. 즉, 지속적으로 매수물량이 많아서 꾸준히 상승하던 주식이 어느 순간부터 매도물량이 많아지면서 주가가 상승이 아닌 하락하는 시점을 말한다.

### 6) 차트에서 보여주는 동일 패턴을 이용하자

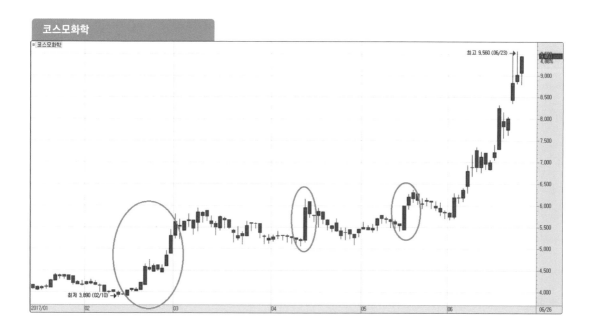

단기적으로 접근할 때는 위 차트의 원에서 알 수 있듯이 일정 부분 상승을 하면 매도(차익)를 해야 한다. 단기 상승 이후 조정은 보통 1~2주, 또는 3~4주 정도 조정을 주지만, 어떤 경우에는 추세가 깨지면 긴 시간 하락하는 경우도 있다. 그래서 손절가를 잡는 것도 매우 중요하다. 즉, 수익도 중요하지만, 손실을 줄이는 것도 매매에서 매우 중요하다. 그리고 매수해서 수익 났다고 급하게 재매수하게 되면 많은 경우 생각지 않은 긴 시간 보유를 하게 된다.

## 7. 손절가 잡는 방법

2011년 역사적 신고가(175,175원)를 형성한 삼성엔지니어링이 2015년 12월 15일 치욕적인 가격 7,948원까지 하락을 하였다. 4년 6개월 만에 삼성이라는 브랜드 기업이 고점 가격에서 90% 이상을 하락했다. 이렇듯 손절가 잡고 대응하는 것이 그 어느 것보다도 중요하고 중요하다.

### 1) 최근 8년간 일봉차트

2011년 7월 22일 175,175원 고점

2015년 12월 15일 7,948원 저점

4년 6개월 동안 대세하락 차트를 전형적으로 보여주고 있다.

## 2) 4년 6개월 하락추세 분석하기

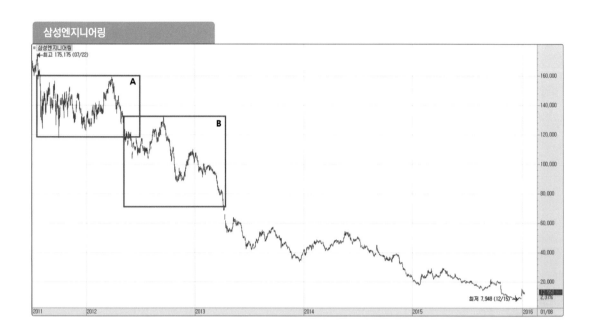

2011년 7월 22일 고점 형성한 이후, 추가 상승을 위한 8개월여 동안 박스권을 흐름을 보여 주다가 하락 추세로 전환이 됐다. 위 'A 네모 박스' 구간을 이탈하면서 N자형 하락 추세를 이어감을 알 수 있다.

여기서 삼성이라는 기업인데 더 떨어지겠어?라고 안일하게 생각하면 안 된다는 것이다. 이런 하락을 분석해 보면 업황 부진, 업체 간 출혈 경쟁, 그리고 2014년 이후 급락을 보인 국제유가 하락이 동 종목을 끝도 없는 하락으로 몰고 갔다.

'A 박스' 구간 이탈 시 매도를 못했다면, 손실을 줄이기 위해서 어떻게 매도해야 하는지, 위 차트의 'B 네모 박스' 구간을 확대해서 분석해 보도록 하겠다.

## 3) N자형 하락추세에서 손절가 잡는 방법

2011년 7월 22일 고점 형성한 이후, 추가 상승을 위해 8개월여 동안 박스권을 흐름을 보여 주다가 2012년 3월 27일 159,279원까지 반등을 주다 이내 다시 하락한다. 여기서 반드시 손절을 해야 한다. 그것이 바로 '1차 손절' 라인이다. 그 이유는 수개월간 1차 손절 라인 가격대를 지지하다가 다시 그 가격대를 이탈하면서 하락한다는 것은 그동안 상승을 위해 매수한 수급들이 매도로 전환하는 심리선 이기 때문이다.

삼성 브랜드이고, 손절이 무서워서 손절을 안 했다면, 눈 딱 감고 손절해야 하는 가격대가 바로 '2차 손절' 라인이다. '1차 손절' 라인에서 손절을 안 했는데, '2차 손절' 라인에서 1개월 이상을 지지하다가 다시 반등을 주었다. 상승을 줄 때 손절하기는 쉽지 않다. 그러나 '2차 손절' 라인을 지지하면서 4개월 이상을 상승을 모색하다가 다시 '2차 손절' 라인을 이탈한다는 것은 위에서 언급했듯이, 그동안 상승을 위해 매수한 세력들이 매도로 전환하는 기준선(가격대)이라는 것이다. 결론적으로, 손절은 N자형 하락에서 이전 저점(가격)을 손절 가격으로 생각한다면 크게 틀리지 않다.

### 4) 급등 이후 고점에서 세력 이탈 포인트

주가가 저점에서 2배, 3배 이상 급등하는 종목들은, 추가 상승을 노리는 투자자 또는 단기 급등을 노리는 단타 세력들의 장난감(종목)이 된다. 바닥에서 몇 배 이상 급등한 종목은 잘못 건드리면 씻을 수 없는 실수를 범하게 된다. 따라서 이런 종목은 반드시 적절한 손절을 해야 한다.

위 차트에 보면 '손절 라인'이 보일 것이다. 여기는 동 종목의 최고점을 형성한 캔들의 저가를 '손절 라인'으로 삼아야 한다.

그 이유는 최고가를 형성하면서 거래량도 이전에 볼 수 없는 가장 많은 거래를 동반했기 때문에 이 가격을 하회하면 바로 손절해야 한다.

세력들이 동 종목에서 단물을 빼먹고 빠져나간다는 신호이다. 만약 그 '손절 라인'을 지키지 않았다면 차트에 보듯 엄청난 하락을 경험할 것이다.

**양적완화**

정책 금리가 '0'에 가까운 초저금리 상태에서 정부가 경기 부양을 위해 시중에 돈을 푸는 정책을 말한다. 금융자산의 매입을 통해 시장에 유동성을 공급하는 것이다.

양적완화는 중앙은행이 기준금리 조정을 통해 간접적으로 유동성을 조절하던 기존 방식과 달리, 국채나 다른 자산을 사들이는 직접적인 방법으로 시장에 통화량을 늘리는 정책이다. 한편, 양적완화 정책을 점진적으로 축소하는 것을 테이퍼링(tapering)이라고 한다.

# 05 경제(주식) 용어

- ABS(자산유동화증권) ABS(자산유동화증권)는 유가증권, 부동산, 매출채권 등을 바로 현금화하기 어려운 유동성이 낮은 자산을 기초로 발행된 파생상품을 의미하며, 기업이나 여러 기관들이 자금 부족 및 자금 조달 방법으로 사용한다.

- BIS자기자본비율 위험가중자산대비 자기자본의 비율로써, 1988년 7월 국제결제은행(BIS, Bank of International Settlement) 산하 바젤은행감독위원회가 은행의 자본적정성 확보를 위하여 만든 금융기관들의 건전성 지표이다.

- EV/EBITDA EV/EBITDA는 EV를 EBITDA로 나눈 값이다. 즉, '기업가치/세금·이자지급전이익'이라는 뜻으로 기업가치(EV)를, 세금과 이자를 내지 않고 감가상각도 하지 않은 상태에서의 이익(EBITDA)으로 나눈 수치를 뜻한다. 다시 말해서, 기업가치가 순수 영업활동을 통한 이익의 몇 배인가를 알려주는 지표로, 그 비율이 낮으면 회사의 주가가 기업

가치 대비 저평가 되었다고 볼 수 있다.

- IFRS(International Financial Reporting Standards)   기업의 회계 처리와 재무제표에 대한 국제적 통일성을 높이기 위해 국제회계기준위원회에서 마련해 공표하는 회계기준을 지칭한다.

- 가격제한폭   주식시장에서 급격한 주가 변동으로 인한 시장질서의 혼란을 막고 공정한 가격형성을 유도하기 위하여 당일 거래 중 움직일 수 있는 가격 변동폭을 제한하는 것을 말한다. 주식은 원칙적으로 전일 종가를 기준으로 하며, 주가가 당일 가격제한폭의 상한선까지 오른 경우를 상한가(+30%)라 하고, 하한선까지 내린 경우를 하한가(-30%)라 한다. 과거에는 가격 단위별 가격 등락폭이 각기 다르게 규정하였던 것을 1995년부터는 일률적으로 6% 범위 내에서 상한가, 하한가를 결정하였다. 이후, 반복적으로 가격제한폭을 높이면서 2015년 6월 15일을 기점으로 15%에서 30%로 확대하게 되었다.

- 감가상각비(減價償却費)   장비, 건물, 기계 등을 감가상각의 절차에 의거하여 계상되는 비용을 지칭한다. 감가상각비를 구하는 방법에는 정액법, 정률법, 연수합계법, 비례법, 상환기금법, 종합상각법 등이 있다.

- 감리종목(Surveillance Issues)   단기간에 주가가 급등을 해서, 증권거래소에 의해 '요주의' 주식으로 분류된 종목을 지칭한다. 즉, 증권거래소는 투자자를 보호하기 위해 단기간에 주가가 급등한 종목을 주의하라고 감리종목으로 지정함으로써 투자자들에게 주의를 환기시키고 있다. 감리종목 지정 요건은,

① 최근 5일간의 주가상승폭이 75% 이상인 경우가 연속해서 3일간 계속되고

② 제3일째 되는 날(분석당일의 종가)이 최근 30일 중 최고 주가이며

③ 최근 7일간의 주가상승률이 동업종 산업별 수정주가평균 상승률 또는 업종 주가지수 상승률의 4배 이상인 종목이다. 그리고 감리종목으로 지정된 주식은 지정일로부터 2일(매매거래일 기준) 경과 후 자동 해제된다.

- **감자** 주식회사가 주식 금액(주가) 감액이나 발행 주식 수의 감면 등을 통해 자본금을 줄이는 것으로, 증자(增資)에 대비되는 개념이다.

- **갤로핑인플레이션(Galloping Inflation)** 주행성 인플레이션이라고도 말하며, 물가 상승률이 연간 5~7% 정도로 지속되는 현상을 의미한다.

- **경기방어주** 경기방어주란 경기 및 시장의 변동과 무관하게 매출이나 영업이익이 꾸준하게 이어지는 기업의 주식을 의미한다.

- **골든크로스** 단기 이동평균선이 중·장기 이동평균선을 아래에서 위로 돌파하는 것을 말한다. 골든크로스는 강력한 강세장으로 전환되는 신호로 해석을 한다. 일반적으로 '단기 골든크로스'는 5일 이동평균선이 20일 이동 평균선을 상향 돌파하는 것을 말하며, '중기 골든크로스'는 20일선과 60일선을, '장기 골든크로스'는 60일선과 120일선을 돌파한다.

- **골디락스(Gldilocks)** 골디락스란 안정적으로 고성장률을 기록하면서도 물가상승에 대한 압력이 거의 없는 이상적인 경제 환경을 뜻한다. 일반적으로 경기가 호황을 보일 때는 물가가 상승하는 인플레이션이 발생하게 되며, 경기가 침체기에 있거나 횡보할 때는 물가가 안정될 수 있으나 실업률이 상승할 수도 있다. 하지만 골디락스 경제는 높은 성장에도 물가가 안정적으로 유지되기 때문에, 국민들의 생활 여건이 호전되는 '가장 이상적인'의 경제상태라 할 수 있다.

- **공매도**  타겟이 된 특정 종목 주가가 하락할 것으로 전망되면 해당 주식을 빌려서 매도 주문을 내는 매매 전략이다. 예를 들어 A 종목 주가가 6만 원이고 주가 하락이 예상되는 경우, 이때 A 종목 주식을 갖고 있지 않더라도 일단 6만 원에 공매도 주문을 낸다. 그리고 실제 주가가 4만 원으로 하락했을 때 A 종목을 다시 사서 2만 원의 시세차익을 챙기는 행위이다.

- **공시**  기업의 주요 내용(사업내용이나 재무상태, 영업실적 등)을 투자자 및 이해관계자에게 알리는 제도이다. 공시는 주식 시장에서 가격과 거래에 영향을 줄 수 있는 중요 사항에 관한 정보를 알림으로써 공정한 가격 형성을 목적으로 한 제도이다.

- **공장자동화(Factory Automation; FA)**  제품을 계획하고 설계함은 물론, 생산 준비에서부터 생산의 제어, 관리, 운용 등을 자동화하는 시스템을 말한다.

- **관리대상종목(Issues for Administration)**  대표이사(임원)의 부도덕성과 경영부실 등으로 인해 관련기업의 주식이 부실화될 때 증권거래소가 투자자를 보호하기 위해 상장폐지기준에 해당하는 종목들을 특별히 관리하고자 선정하는 종목 군을 지칭이다.

- **교환사채(Exchangeable Bonds, 交換社債)**  EB로 약칭되는 교환사채는 사채권자의 의사에 따라 주식 등 다른 유가증권으로 교환할 수 있는 사채를 의미한다. 교환사채는 이사회의 결의에 의하여 발행하는 회사채의 한 종류로서, 발행회사가 보유한 제3의 기업 주식과 교환되므로 교환 시 발행회사의 자산과 부채가 동시에 감소하는 특징이 있다.

- **국부펀드(Sovereign Wealth Fund)**  국부펀드란 일정 수준 이상의 외환

을 따로 떼어 투자용으로 모아놓은 자금을 지칭한다. 보통 국가기관이 자금 운용을 담당하며 원유를 수출해 벌어들인 오일달러나 무역수지 흑자로 발생한 외환보유액 등이 주요 자금원이다.

- 권리락　유 무상 증자를 통해 주주가 주식을 소유하고 있더라도 주주명부가 폐쇄되거나 배정기준일이 지나 신주를 받을 권리가 없어진 상태를 의미한다.

- 금융통화위원회　금융통화위원회는 한국은행의 통화신용정책에 관한 주요 사항을 심의·의결하는 정책결정기구이다. 이 위원회가 결정하는 통화정책이란, 독점적 화폐 발행권을 지닌 중앙은행이 경제 내에 유통되는 화폐(통화, 본원통화 및 파생통화)의 양이나 가격(금리)에 영향을 미치고 이를 통해 화폐의 가치, 즉 물가를 안정시키고 지속 가능한 경제성장을 이루어 나가게 하는 일련의 정책을 말한다.

- 낙수효과(Trickle-Down Effect)　낙수효과란 대기업과 상위 계층의 성장·투자·소비 증가가 중소기업이나 저소득층의 소득 증대로까지 영향을 미쳐 국가 전체적인 경기 부양 효과로 나타나는 현상을 의미한다.

- 내수관련주(內需關聯株)　대외 수출 비중이 적고 주로 국내 시장에 의존하여 영업을 영위하는 회사로써 건설, 전기, 금융, 음식료, 제약바이오 등이 대표적인 내수관련주이다.

- 네 마녀의 날(Quadruple Witching Day)　네 마녀의 날이란 주가지수 선물과 옵션, 개별주식 선물과 옵션 등 4가지 파생상품이 동시에 만기일을 맞는 날이다. 3·6·9·12월의 둘째 주 목요일이 이에 해당된다.

- 대형주, 중형주, 소형주　증권시장에서 대형주, 중형주, 소형주의 구분은 자본금에 따라 정해진다. 자본금이 750억 원을 넘으면 대형주, 350억

원 이상 750억 원 미만은 중형주, 350억 원 미만은 소형주로 분류된다.

- 데드크로스   단기 이동평균선이 중·장기 이동평균선을 위에서 아래로 하향 돌파하는 것을 말한다. 데드크로스는 골든크로스의 정반대 개념으로 약세장으로 전환되는 신호로 해석을 한다.

- 데모 크라이시스(Demo Crisis)   데모그래피(Demography·인구변동)와 크라이시스(Crisis·위기)를 합쳐서 만든 신조어로 저출산 영향으로 인구가 감소하면서 경제적으로도 위기를 맞을 수 있음을 뜻한다.

- 데이트레이딩   매수한 주식을 당일 매도하는 초단타 매매기법이다.

- 디폴트선언(Declaration of Default)   일반적으로 공사채의 이자지급이 지연되거나 원금 상환이 불가능해지는 것을 디폴트라고 말한다. 그리고 디폴트가 발생했다고 채권자가 판단하여 채무자나 제3자에게 통지하는 것을 디폴트 선언이라고 한다.

- 디플레이션(Deflation)   디플레이션이란 통화량 축소와 경기 및 신용 위축으로 일반적인 물가수준의 하락현상을 말한다. 디플레이션은 보통 물가수준의 하락뿐만이 아니라 경제 활동의 침체까지 동반하게 된다.

- 레버리지(Leverage)   레버리지는 '지렛대'라는 의미로 금융계에선 차입을 뜻하며, 수익 극대화를 위해 적극적 차입을 통해 자산 매입 및 투자를 하는 전략을 의미한다.

- 로스컷(Loss Cut)   로스컷(loss cut)은 손절매를 의미하며, 스톱로스(Stop Loss)라고도 한다. 보유 중인 주식의 현재시세가 매입가격보다 낮은 상태이고 앞으로 가격상승의 희망이 보이지 않을 경우 손해를 감수하고 매도하는 행위를 의미한다.

- 롤오버(Roll Over)   만기일에 선물과 관련한 주식매물을 정리하지 않고

넘어가는 것을 말한다. 선물을 팔고 현물주식을 사들인 매수차익 거래의 경우 선물 만기일 날 주식매물을 정리하는 것이 원칙이나 경우에 따라서는 팔지 않고 넘기기도 한다.

- **롱숏 전략**   상승이 예상되는 종목을 매수(롱)하고, 하락이 예상되는 종목을 매도(숏)해 수익을 얻는 투자 전략이다.

- **립스틱효과(Lipstick Effect)**   1929년 시작된 대공황기에 미국 경제학자들이 만든 신조어이다. 경기 침체기에는 립스틱 같은 저가 미용제품 매출이 오히려 증가하는 현상을 말한다. 우리나라도 경기가 안 좋을 때 소주가 잘 팔리는 이치와 같다.

- **마일스톤 징크스**   주가지수가 특정 분기점 도달을 앞두고 주춤거리는 현상을 말한다.

- **매도·매수**   매도는 주식을 파는 행위, 매수는 주식을 사는 행위이다.

- **매매거래정지**   증권거래소에서는 상장법인이나 상장유가법인이 일정 요건에 해당되는 경우 유가증권의 거래를 강제로 정지시킬 수 있다.

  매매거래 정지는

  ▷ 법령이나 정관 등을 위반한 경우

  ▷ 상장 폐지 기준에 해당하는 때

  ▷ 위·변조 주권이 발견되었을 때

  ▷ 주식의 병합이나 분할을 위해 제출을 요구했을 때

  ▷ 기타 거래소가 인정하는 경우에 이를 시행한다.

  이는 투자자 보호와 시장거래를 소홀히 한 책임을 묻는 것으로, 매매거래 중단과는 구별된다.

- 모기지대출(Mortgage Loan)  금융회사가 대출 설정 시 담보물인 부동산에 저당권(Mortgage)을 설정하고 이를 근거로 자금을 대출하는 것을 말한다. 일반적인 대출은 만기도래까지 자금이 묶이는 것과는 달리 모기지대출은 대출 시 취득한 저당권을 담보로 추가적 담보증권을 발행·유통시켜 또 다른 대출자금을 마련할 수 있다는 것이 특징이다.

- 모라토리엄(Moratorium)  특정 국가가 정치·경제적 어려움으로 인해 외국에서 빌려온 차관에 대해 일시적으로 상환을 연기하는 것을 말한다. 모라토리엄은 상환할 의사가 있다는 점에서 지급거절과 다르다. 그러나 외채를 유예 받는다고 하더라도 국제적으로 신용이 하락하여 대외거래에 갖가지 장애가 올 수 있다.

- 무상증자  증자란 회사 주식자본의 증가와 함께 실질적인 재산 증가를 가져오는 유상증자와 주식자본은 증가하지만 실질재산은 증가하지 아니하는 무상증자가 있다. 무상증자는 자본준비금을 자본금으로 전입할 때 주주들에게 무상으로 신주를 발행하는 것으로, 무상증자는 자금조달을 목적으로 하지 않고 자본구성을 시정하거나 사내유보의 적정화 또는 기타의 목적을 위해 실시한다.

- 무차입공매도(Naked Short Selling)  무차입 공매도란 매도 시점에 주식을 소유하지 않고 결제일에 결제할 주식도 확보하지 않은 매도 행위로 시장을 교란하는 행위이다. 따라서 자본시장법과 한국거래소 유가증권시장 업무 규정에서는 무차입 공매도를 금지하고 있다.

- 미수금  미수금은 유가증권의 위탁 매매 업무와 관련하여 증권회사가 고객(투자자)으로부터 회수할 금액으로, 투자자가 당장 매수할 자금이 없더라도 신용 거래처럼 총 투자금액의 일부만으로 주식을 매수할 수 있는 것으로, 나중에 부족한 금액을 입금하는 방식이다.

- 바벨전략(Barbell Maturity) 중간 정도의 위험자산에 투자하지 않고 저위험 자산과 고위험 자산 양쪽 값만으로 자산 배분을 하는 전략으로 투자구조가 역기와 비슷하다는 점에서 유래된 용어이다. 이 전략은 시장의 충격과 추가적인 상승을 모두 고려할 수 있다는 장점이 있다.

- 박싱데이(Boxing Day) 박싱데이는 크리스마스 하루 뒤인 12월 26일을 말한다. 과거 영국에서 가난한 사람에게 선물하는 날이었으나 요즘엔 미국과 유럽에서 연말 재고를 떨어내기 위해 할인 판매하는 날 이기도 하다.

- 반대매매(Covering) 고객이 증권회사 및 금융회사에서 돈을 빌리거나 신용융자금으로 주식을 매입하고, 빌린 돈을 약정한 만기 내에 변제하지 못할 경우 고객의 의사와 관계없이 주식을 강제로 일괄매도 처분하는 행위를 말한다.

- 배당 기업이 일정기간 동안 영업활동을 통해 발생한 이익 중 일부를 주주들에게 나눠 주는 것을 말한다.

- 배당기산일(Record Date of Dividend Pay-Out) 주식에 대해 배당금이 계산되는 최초의 일자이다. 구주의 경우에는 회계연도 개시일이 배당기산일이 되나 회계연도의 중간에 신주발행이 있는 경우에는 주금납입일(株金納入日)이 배당기산일이 된다.

- 배당기준일(Holder of Record Date) 기업에서 배당지급 의사결정이 있을 경우, 해당 기업의 배당지급을 받기 위해 주주가 자신의 주권(shares)을 공식적으로 보유하고 있어야 하는 마지막 날을 배당기준일이라고 한다.

- 배당락(Ex-Dividend) 배당락(Ex-Dividend, 配當落)은 배당기준일이

경과해 배당금을 받을 권리가 없어진 날을 의미한다. 우리나라는 주식을 산 후, 3거래일에 대금결제가 이뤄지기 때문에 증시 폐장 3거래일 전까지 주식을 보유한 투자자에게만 배당 받을 권리가 돌아간다.

- 베어마켓 랠리(Bear Market Rally)  약세장 속에서의 일시적 반등장세를 지칭한다. 일반적으로 주식 시장에서 상승장세를 '랠리'라고 표현하며, 약세장은 거래가 부진하다는 의미에서 곰(bear)에 비유하여 베어마켓이라고 한다. 이에 따라 약세장에서 일어나는 일시적인 반등장세를 베어마켓 랠리라고 한다.

- 불 마켓(Bull Market)  증시에서 황소(Bull)는 주식을 공격적으로 매수하는 주체 또는 상승장을 의미한다. 그래서 불 마켓이란 보통 장기간에 걸친 대세상승장을 의미한다.

- 붐플레이션(Boomflation)  호황을 의미하는 붐(boom)과 인플레이션(inflation)의 합성어로서 호황 속에서의 인플레이션을 의미한다.

- 블록딜  매도자와 매수자 간의 주식 대량 매매거래를 의미한다.

- 블루칩  재무 구조가 견실하고 경기 변동에 강한 주식 시장의 대형 우량주를 지칭한다.

- 사모펀드(Private Equity Fund)  소수의 여러 투자자로부터 모은 자금을 주식이나 채권 등에 운용하는 펀드를 의미한다. 투자신탁업법에서는 100인 이하의 투자자, 증권투자회사법(뮤추얼펀드)에서는 49인 이하의 투자자를 대상으로 모집하는 펀드를 말한다.

- 상한가  주식 시장에서 개별 종목의 주가가 당일 상승할 수 있는 최고가격(30%)을 의미한다.

- 서킷브레이커  주식 시장에서 일시적인 매매 거래 중단 제도이다(코스

피, 코스닥지수가 전일 대비 10% 이상 폭락한 상태가 1분간 지속하는 경우 서킷브레이커 발동).

- **선강퉁** 선강퉁이란 중국 선전증시와 홍콩증시의 교차거래를 의미한다.
- **선물** 금융파생상품의 한 종류로 선매후물(선매매, 후물건 인수도)의 거래방식을 지칭한다. 즉, 상품이나 자산 등을 미리 결정된 가격으로 미래 일정 시점에 인도, 인수할 것을 약정한 거래이다.
- **손절매** 주가가 예상과 다르게 상승할 가능성이 없거나 현재보다 더욱 하락할 것이 예상되어 손해를 감수하면서도 보유한 주식을 매입 가격 이하로 파는 행위이다.
- **숏커버링(Short Covering)** 기관이나 외국인 등이 공매도한 주식을 되갚기 위해 시장에서 주식을 다시 사들이는 행위를 말한다. 대개 공매도는 주가 하락을 유발하지만 거꾸로 숏커버링은 주가 상승 요인으로 작용하기도 한다.
- **순환매** 주식시장에서 특정 종목에 호재가 발생하여 투자자가 몰려 주가가 상승하게 될 경우, 그 종목과 연관성이 있는 종목도 주가가 상승하게 되는 것을 지칭한다.
- **스캘핑** 하루에도 수십, 수백 번 이상 분·초 단위로 거래를 하며 단기 차익을 노리는 초단타 매매 기법이다.
- **스태그플레이션(Stagflation)** 스테크플레이션이란 경기침체(Stagnation)와 물가상승(Inflation)이 공존하는 상태를 말한다.
- **스톡옵션(Stock Option)** 회사가 임직원에게 일정 기간이 지나면 일정 수량(일정 가격)의 자사 주식을 매입할 수 있도록 부여한 권한을 말한다.
- **시가·종가** 시가는 하루 중에서 주식거래 가장 최초로 결정된 가격을, 종

가는 주식 시장이 마감될 때 마지막으로 결정된 가격이다.

- **시가총액**  시가총액은 전 상장주식을 시장 가격으로 평가한 금액으로 시장 규모를 파악할 수 있는 지표이다.

- **신주인수권부사채(Bond with Warrant, 新株引受權附社債)**  기업이 자금 조달을 위해 사채를 발행 후 일정기간 내에 미리 약정된 가격(신주인수 가격)으로 당해 발행회사에 일정한 수 또는 금액에 해당하는 신주의 교부를 청구할 수 있는 권리가 부여된 사채를 말한다.

- **알고리즘 퀀트 펀드**  고도의 수학·통계적 지식을 이용해 구축한 컴퓨터 명령어 체계(알고리즘)을 이용해 운용되는 펀드로, 인간 펀드매니저 대신 인공지능(AI)이 투자종목과 매수·매도 시점을 결정한다.

- **액면분할**  납입자본금의 증감 없이 기존 발행주식을 일정 비율로 분할, 발행주식의 총수를 늘리는 것을 말한다.

- **양봉·음봉**  봉차트(캔들차트)에서 종가가 시가보다 높은 것으로 빨간색으로 표시되는 것이 양봉이고, 음봉은 종가가 시가보다 낮은 것을 의미하며 파란색으로 표시한다.

- **양적완화**  정책 금리가 '0'에 가까운 초저금리 상태에서 정부가 경기 부양을 위해 시중에 돈을 푸는 정책을 말한다. 금융자산의 매입을 통해 시장에 유동성을 공급하는 것이다. 양적완화는 중앙은행이 기준금리 조정을 통해 간접적으로 유동성을 조절하던 기존 방식과 달리, 국채나 다른 자산을 사들이는 직접적인 방법으로 시장에 통화량을 늘리는 정책이다. 한편, 양적완화 정책을 점진적으로 축소하는 것을 테이퍼링(tapering)이라고 한다.

- **여신**  여신이란 금융회사에서 고객에게 돈을 빌려주는 행위이다. 일반

적으로 제1금융권 및 제2금융권 등의 금융회사에서 돈을 빌려주는 것을 의미하지만, 대부업체 등 사금융회사에서 돈을 빌려주는 것도 여신 업무에 해당한다. 반대로 금융회사에서 고객의 돈을 맡아 예금을 예치하는 일을 수신이라고 한다.

- **예수금·증거금** 예수금은 주식 거래를 위해 계좌에 넣어둔 현금으로 매매 가능 금액을 말하며, 증거금은 주식을 매수하게 되면 매수 금액의 일정 비율을 예수금에서 차감하는 금액으로 종목 매수 시 최소한으로 있어야 하는 현금이다.

- **옐로칩** 주식 시장에서 대형 우량주(골든칩) 정도는 안 되지만, 향후 주가상승 여력이 있는 중저가 우량주를 지칭한다.

- **우선주** 의결권이 없는 대신에 보통주보다 먼저 배당을 받을 수 있는 권리가 부여된 주식이다.

- **우회상장** 비상장기업이 상장기업과의 합병 등을 통해 정상적인 신규 상장 심사 절차를 거치지 않고 곧바로 증권 시장에 상장되는 효과를 가지게 되는 것을 말한다.

- **유상증자** 기업이 주식을 새로 발행해 기존 주주나 새로운 주주에게 파는 행위로, 기업의 자금 확보 수단 중의 하나이다. 기업은 유상증자를 실시함에 있어 주주배정, 일반공모, 주주우선공모, 제3자 배정방식을 선택할 수 있다.

- **이동평균선** 일정 기간 동안의 주가를 산술 평균한 값인 주가이동평균을 차례로 연결해 만든 선을 말한다. 주식 시장에서 주가와 거래량 및 거래대금은 매일 매일 변하지만 특정기간을 놓고 보면 일정한 방향성을 갖는다. 이를 수치화한 것이 이동평균선으로 장기(120일), 중기(60일), 단

기(5, 20일) 이동평균선이 있다.

- **인플레이션(Inflation)** 인플레이션이란 화폐가치가 하락하여 물가가 상승하는 경제현상을 말하며, 최근에는 물가수준의 지속적 상승 과정으로 정의하고 있다.

- **일봉·주봉·월봉** 하루 동안 주가의 시가, 고가, 저가, 그리고 종가를 봉으로 나타낸 것을 일봉이라고 하고, 한 주간 주가를 봉으로 나타낸 것을 주봉이라고 한다. 월봉은 한 달간 주가의 시가, 고가, 저가, 그리고 종가를 봉으로 나타낸 것이다.

- **자기자본이익률(ROE)** 자기자본에 대한 기간이익의 비율로서 당기순이익을 자기자본으로 나눈 값으로, 자기자본의 운영이 얼마나 효율적으로 이루어졌는지 반영하는 지표이다.

- **자본잠식(Impaired Capital, Impairment of Capital, 資本蠶食)** 기업의 적자폭이 커져 잉여금이 바닥나고 납입자본금이 잠식된 상황을 말한다.

- **자사주 매입** 보통 자기 회사 주식가격이 지나치게 낮게 평가됐을 때 적대적 M&A에 대비해 경영권을 보호하고 주가 안정을 위해 기업이 자기 자금으로 자기 회사 주식을 사들이는 행위를 말한다.

- **자사주 소각** 회사가 자사의 주식을 취득하여 이것을 소각하는 것으로, 발행주식수를 줄여 주당가치를 높이는 방법을 통해 주주이익을 꾀하는 기법이다.

- **자전거래** 동일한 투자자가 수량, 가격 상대방 등을 미리 정해 두고 매도·매수 주문을 내는 것을 말한다.

- **작전주** 주식 시장에서 시세차익을 노리고 행해지는 주가 조작 대상이 되는 종목이다. 증권시장에서 작전이란 증권브로커, 큰손, 대주주 등 여

러 명이 공모하여 특정 주식을 매입함으로써 주식을 폭등시켜 이익을 챙기는 행위를 가리킨다. 증권시장에서 작전과 같이 시세를 조종을 하다가 적발되는 경우 10년 이하의 징역 또는 5억 원 이하의 벌금형에 처해진다.

- 장외거래  주식이나 채권의 거래가 거래소 외각에서 이루어지는 매매를 말하는데, 장외거래를 하는 장소가 대개 증권회사의 창구여서 점두(店頭)거래라고도 한다.

- 저항선  주식 차트상에서 주가가 움직이는 과정에서 고점을 연결한 선으로, 주가가 어느 가격 이상으로 상승하려는 추세를 저지시키는 가격대 수준을 말한다.

- 전환사채(Convertible Bond, CB)  법인(기업)은 창업자가 직접 자본금을 투자할 수도 있고, 다른 사람에게 돈을 빌릴 수도 있다. 기업이 자금을 융통하는 큰 수단 2가지가 바로 주식과 채권이며, 주식과 채권의 특징을 모두 가진 상품이 전환사채(convertible bond, CB)이다. 즉, 기업이 처음 발행할 땐 보통의 회사채와 똑같지만 일정한 기간이 지나 주식 전환권이 발동하면 투자자가 원할 때 채권을 주식으로 바꿔 주가상승에 따른 차익을 볼 수 있는 구조를 갖는다.

- 정크본드  정크(junk)란 '쓰레기'를 뜻하는 말로 한 마디로 '쓰레기 같은 채권'을 의미한다. 일반적으로 기업의 신용등급이 아주 낮아 회사채에서 발행이 불가능한 기업이 발행하는 회사채로 '고수익채권' 또는 '열등채'라고 하는데, 원리금 상환에 대한 불이행 위험이 큰 만큼 이자가 높다.

- 주가 순자산 비율(PBR)  주가와 1주당 순자산을 비교하여 나타낸 비율(PBR = 주가/주당 순자산가치)이다.

- 주가수익률(PER)  주가를 주당순이익(EPS)으로 나눈 값으로, 1주당 수익의 몇 배가 되는지를 나타내는 지표이다.

- 주가지수  증권시장의 상황을 나타내기 위해, 개별 주가를 정해진 방법으로 계산해서 얻은 값을 말한다. 현재 우리나라의 대표적인 주가지수는 '종합주가지수(KOSPI)', '코스닥지수' 등이 있다. 이 지수들은 한국거래소에 상장 및 등록되어 있는 주식의 시장가격을 토대로 작성되며 전반적인 주가의 동향을 가장 잘 나타내 주는 대표적인 지수이다. 한편, 미국은 '다우존스공업평균지수', 'S&P500지수', '나스닥지수' 등이 있고 독일은 DAX, 프랑스는 CAC, 그리고 일본은 니케이225지수 등이 있다.

- 주당순이익(EPS)  기업이 벌어들인 순이익(당기순이익)을 그 기업이 발행한 총 주식수로 나눈 값이다.

- 주식배당  이익 배당의 전부 또는 일부를 주식으로 배당하는 행위이다

- 중간배당  주식회사에서 영업연도 중간에 예상되는 이익이나 임의 준비금을 배당하는 행위이다.

- 증권거래소 상장폐지 기준

  ① 12월 결산 상장법인이 결산기말로부터 90일 이내(3월31일)까지 사업보고서를 제출하지 않으면 관리종목으로 지정하고 이후 10일 이내 미제출하면 상장폐지토록 한다. 반기, 분기보고서를 2회 연속 미제출시에도 상장폐지.

  ② 외부감사인으로부터 감사의견 '의견거절' 또는 '부적정' 판정을 받은 기업의 경우 곧바로 상장폐지된다. 또 감사의견이 '한정'인 기업은 관리종목에 지정하고 두차례 연속 '한정' 판정을 받을 경우 상장폐지

  ③ 수표, 어음의 부도처리, 은행거래정지면 즉시 상장폐지.

④ 회사정리절차 개시하면 즉시 상장폐지.

⑤ 자본금 전액잠식 기업은 관리종목 지정 없이 즉시 상장폐지.

⑥ 자본금 50% 이상 잠식 기업은 관리종목으로 지정하고 2년 계속될 경우 상장폐지.

⑦ 보통주 종가가 30일 연속 액면가 20%미달하면 관리종목 지정, 이후 90일 매매일 중 미달상태가 10일 연속 혹은 30일 이상인 경우 상장폐지.

⑧ 시가총액이 30일 연속 25억 원 미만 시 관리종목 지정, 이후 90일 매매일 중 미달 상태가 10일 연속 혹은 30일 이상인 경우 상장폐지.

⑨ 공시의무 위반으로 관리종목 지정후 1년 내 불성실공시법인으로 지정되거나 2년간 3회 이상 불성실공시법인으로 지정될 경우 상장폐지.

이밖에 2년 동안 연간 매출액 50억 미만일 경우, 소액주주 비율이 일정 기준에 달하지 못하거나, 분기의 월평균 거래량이 미달될 때, 증권거래법상 사외이사수 및 감사위원회 구성요건 미충족 시에도 상장 폐지된다.

- 지지선 　주식 차트상에서 주가가 움직이는 과정에서 그 저점과 저점을 연결하여 생성된 선을 말한다. 주가가 어느 가격 이하로 하락하려 할 때, 추가 하락을 저지시키려는 가격대를 말한다.

- 채권(Bond) 　채권은 정부, 공공단체와 주식회사 등이 일반인으로부터 비교적 거액의 자금을 일시에 조달하기 위하여 발행하는 차용증서(借用證書)이다. 채권은 상환기한이 정해져 있는 기한부 증권이며, 이자가 확정되어 있는 확정이자부 증권이라는 성질을 가진다. 또한 채권은 대규모 자금조달 수단이라는 점에서 주식(株式)과 유사한 점이 있다.

- 총자산순이익률(ROA) 　기업의 총자산에서 당기순이익을 얼마나 올렸는

지를 가늠하는 지표이다.

- **코스닥(KOSDAQ)** 보통 대기업 주식이 거래되는 코스피와 달리 중견 중소기업의 주식이 거래되는 주식 시장이다.

- **코스피(KOSPI)** 코스닥이 벤처기업, 강소 기업 및 중견기업 중심의 시장이라면, 코스피는 대기업 및 전통적 기업 중심의 주식 시장이다.

- **콜옵션 & 풋옵션** 옵션(Option)이란 사전적 의미로 '선택할 수 있는 권리'를 의미한다. 금융용어에서의 옵션은 특정한 기초자산을 계약 당사자가 미리 정한 가격에 장래의 특정 시점에 매수 매도할 수 있는 권리를 말하며, 이러한 권리는 자산 가격 변화에 따라 보유자가 손해를 입거나, 투자기회를 잃어버리는 사태를 방지하는 위험회피, 헤지(hedge)의 목적 등으로 도입되었다. 여기서 콜옵션은 살 수 있는 권리, 풋옵션은 팔 수 있는 권리를 말하며, 콜옵션은 가격 상승, 풋옵션은 가격 하락에 따른 위험을 사전에 없애는 효과가 있다.

- **턴어라운드** 적자에 허덕이던 부실 기업이 조직개혁과 경영혁신을 통해 기업 실적 및 재무상태가 큰 폭으로 개선된 것을 의미한다.

- **펀더멘털(Fundamental)** 한 나라의 경제가 얼마나 견실한지를 나타내는 용어로 한 나라의 경제상태를 표현하는 데 있어 가장 기초적인 자료가 되는 주요 거시경제지표를 뜻한다. 거시지표로는 경제성장률, 물가상승률, 경상수지 등이 있다. 그리고 주식 시장에서 쓰이는 '펀더멘털'은 특정 산업이나 기업의 매출, 순이익 등 재무상태를 말한다.

- **하한가** 주식 시장에서 개별 종목의 주가가 당일 하락할 수 있는 최저 가격(-30%)을 말한다.

- **호가** 내가 보유한 종목 매도 시 매도할 가격 또는 매수할 가격을 미리 걸어두는 것을 말한다.

- **홈트레이딩시스템(HTS)** 주식의 기본인 매수/매도는 물론 다양한 차트, 기업 현황, 공시 및 시장 뉴스 등을 활용할 수 있도록 하는 프로그램이다. 프로그램을 설치하면 어디서든 편리하게 주식을 매매하고 이용할 수 있다. 컴퓨터는 물론 휴대폰으로도 활용이 가능하다.

- **후강퉁** 후강퉁이란 상하이증시와 홍콩증시의 교차 거래를 의미한다.

- **증권거래세 변경** 2019년 5월 30일(결제일 기준 6월 3일)부터 코스피, 코스닥, 코넥스 등 상장주식 증권거래세가 인하되었다.

  ○ 코스피 기존 0.15%에서 0.10%

  ○ 코스닥 기존 0.30%에서 0.25%

  ○ 코넥스는 기존 0.30%에서 0.10%

  ○ 한국장외주식시장(K-OTC)는 기존 0.30%에서 0.25%

- **주식시장 거래 시간** 2019년 4월 29일부터 주식 정규시장 개시 전 시간외 거래시간이 단축되면서 상장사들의 공시제출 개시 시간도 늦춰진다. 장 개시 전 시간외 종가매매 시간이 기존 1시간(오전 7시 30분~8시 30분)에서 10분(오전 8시 30분~8시 40분)으로 단축되는 데 따른 것이다. 29일부터는 정규시장의 시가를 결정하기 위한 시가 단일가 주문접수시간도 종전 1시간(오전 8시~9시)에서 30분(오전 8시 30분~9시)으로 단축된다. 종전에 8시 10분부터 공급되던 예상체결가격 정보는 종가매매 거래가 종료되는 오전 8시 40분부터 제공된다. 이와 함께 기관투자자가 주로 이용하는 장 개시 전 시간외 대량매매 시간도 1시간 30분(7시30분~9시)에서 1시간(8시~9시)으로 짧아진다.

● 주식 시장 거래 시간

08:30~09:00 장 전 시간외 매매: 장 개시 전에 전일 종가로 매수/매도.

08:40~09:00 동시 호가: 장 개시 전에 호가 주문을 받아서 시가를 결정.

09:00~15:30 정규 시장: 불특정 다수가 매매.

15:20~15:30 동시 호가: 장 마감 전에 호가 주문을 받아서 종가를 결정.

15:40~16:00 장 마감 후 시간외 매매: 장 마감 이후 당일 종가로 매수/
매도.

16:00~18:00 장 마감 후 시간외 단일가 매매: 호가를 새로 접수받아
30분 간격으로 단일가격으로 매매.

옛날부터 군자(君子)란 평소에는 유유자적(悠悠自適)하고 온건한 자태(姿態)를 유지하다가도 상황이 돌변하여 결정적인 순간이 오면 사람이 완전히 달라져서 결연하게 상황에 대처한다고 한다.

주식투자도 시황의 변화에 따라 필요한 경우에는 모든 생각과 전략을 180도로 바꾸어야 할 때가 있다. 오랫동안의 주가상승으로 늘 낙관적인 시세관을 견지해오던 투자자라 하더라도 시세가 천장을 쳤다고 판단되면 이제까지 견지하던 태도를 완전히 바꿔서 새로운 시황과 종목으로 모든 사고를 보수적으로 바꾸어야 한다. 상승장에 대한 낙관적인 시세관을 완전히 끊어버리지 못하고 미련을 계속 가지는 한, 이미 변해버린 시장의 하락추세에 속절없이 당하게 되어 있다. 반대로 주가가 오랜 하락 끝에 상승세로 전환할 때도 마찬가지이다. 과거의 비관적이던 시세관을 완전히 바꾸어서 새로운 시장 분위기에 적극적으로 대응해야 한다.

의학이 발달해서 인간의 수명을 100세라고들 말한다.

하루살이의 수명은 딱 하루이다.

인간이 보기에 하루살이의 '하루의 삶'을 보면 덧없어 보일 것이다.

하루살이는 다가올 미래, 지나간 과거에 연연하지 않고 충실한 하루살이의 삶을 보낸다.

우리 인간의 수명 100년….

하늘에서 볼 때는 찰나(刹那)와 같을 수 있다.

주식하면서 대부분의 투자자들은 일정 기간의 하락(폭락) 장에 괴로워하고 힘들어한다.

괴롭고 힘든 이 순간(큰 하락장)도….

결국에는 상승을 하기 위한 일시적 조정이라는 사실을 알아야 한다.

항상 명심하자!

모든 것의 우선순위는 건강이라는 점이다.

끝까지 집필할 수 있도록 지혜 주시고 건강 주신 분께 감사드립니다.

대
폭락장에서
살아남기